# 解套
## 就这么简单

刘尤吉◎主编

THE STOCK
MARKET

获利解套有方法，长中短线各不同

中国纺织出版社

# 内 容 提 要

股市中的"套"无处不在，短期或长期被套是几乎每一位投资者都曾有过的经历。面对形形色色的套，要么想法解套，要么选择止损。本书针对在股票投资中被套牢的广大股民，从多视觉解决股票被套中的各种问题，以实用的方法、生动的案例、活泼的图表阐述了止损、解套的技巧和方法，是广大股民破除套牢的最佳指导图书，是股民的良师益友。

## 图书在版编目（CIP）数据

解套就这么简单 / 刘元吉主编. —北京：中国纺织出版社，2015.5 （2015.6重印）

ISBN 978-7-5180-1498-9

Ⅰ．①解… Ⅱ．①刘… Ⅲ．①股票交易—基本知识 Ⅳ．① F830.91

中国版本图书馆 CIP 数据核字（2015）第 067625 号

编委会成员：刘　平　　刘跃娟　　胡晶晶　　许继国　　宋莉娟

刘明涛　　张　林　　马军红　　潘丽丽　　李宝久

张志宏　　杨成刚　　周　丽　　邹保东　　侯忠义

策划编辑：曹炳镝　　　责任印制：储志伟

中国纺织出版社出版发行

地址：北京市朝阳区百子湾东里 A407 号楼　邮政编码：100124

销售电话：010—67004422　传真：010—87155801

http://www.c-textilep.com

E-mail: faxing@c-textilep.com

中国纺织出版社天猫旗舰店

官方微博 http://weibo.com/2119887771

北京佳诚信缘彩印有限公司　各地新华书店经销

2015 年 5 月第 1 版　 2015 年 6 月第 2 次印刷

开本：710×1000　1/16　印张：13.5

字数：178 千字　定价：32.80 元

# PREFACE|前言

股市沉沉浮浮，大起大落，被套对每个涉足股市的投资者来说，都在所难免。波动性和不可预测性是市场最根本的特征，是市场存在的基础，也是交易风险产生的原因。交易中永远没有确定性，所有的分析预测仅仅是一种可能性，根据这种可能性而进行的交易自然是不确定的，不确定的行为必须得有措施来控制其风险的扩大。因此被套之后，根据实际情况寻找好的解套方法积极解套，就是投资者需要询求的措施。

只有控制风险、保存实力才有可能获得成功。孙子曰：昔之善战者，先为不可胜，以待敌之可胜。不可胜在己，可胜在敌。为了帮助投资者在股市中避免亏损，掌握有利的止损解套机会，本书总结股市投资者的实战经验，从多方面详细讲解了股票操作中的各种止损形态及解套模式，相信能提供给投资者更多的实战参考。

本书分为两大部分。第一部分止损策略中，从基础止损入手，分别讲解了K线快速止损、均线快速止损、成交量快速止损、技术形态快速止损、技术指标快速止损及其他形态快速止损技巧等内容。第二部分解套策略中，从被套陷阱开始分析，接着分别讲解了心理解套、短线快速解套、不同行情的解套方法、防套策略和短线解套实战技巧等内容。

本书主要有以下几个的特点。

◆内容全面，讲解详细。本书针对股市中的各种止损和解套方法进行了详细的讲解和分析，并对投资者的操作提供了指导性的意见，内容全面，讲解详细，相信投资者在阅读完本书之后，一定会对止损解套有更充分的了解和认识，并能在具体的实战操作中加以运用，有所收获。

◆生动活泼，条理清晰。为了使读者能更容易地掌握股市中的各种止损和解套的模式，本书选用了大量经典案例，使读者能直观了解具体的实战情形。本书脉络清晰，条理清楚，使读者能够轻松阅读。

◆难易适度，深入浅出。本书在分析股市中的各种止损和解套技巧时，尽量采用通俗易懂的语言，由表及里，深入浅出，让投资者能快速掌握投资的方法和技巧。

在编写过程中，我们借鉴了许多国内外专家的前沿投资方法和理念，参考了大量具有科学依据的文献资料，在此，向各位作者和编者表示感谢！同时，我们一如既往地欢迎各位读者对本书提出宝贵意见，并和广大读者一起继续为股票投资者奉献自己的力量。

编者

2014 年 12 月

# CONTENTS | 目录

上 篇

## 学做股市逃兵——止损策略

下　篇

## 资金复位巧博弈——解套策略

# 上 篇

## 学做股市逃兵——止损策略

# 第一章

## 小亏赌大盈——止损策略

## 了解止损的意义

### 一、认识止损的概念

止损，也叫"割肉"，是指当投资出现的亏损达到预定数额时，投资者及时斩仓出局以避免产生更大亏损的交易行为，止损的目的在于投资失误时把损失尽可能限制在较小的幅度内。

股票投资与赌博的一个重要区别就在于前者可通过止损把损失限制在一定的范围之内，同时又能够最大限度地获取成功的报酬，换言之，止损使得以较小代价博取较大利益成为可能。股市中无数血的事实表明，一次意外的投资错误足以"致命"，但止损能帮助投资者化险为夷。

止损，通常都是在投资者买完股票之后，计划好止损价位，一旦股价下跌到止损价位，果断卖出股票，防止亏损继续扩大。

### 二、止损的重要性

股市永远是一个机遇与风险并存的市场，股市中没有常胜将军。面对变幻莫测的股市行情，只有采取正确的策略方能立于不败之地。投资者要有承认错误的勇气，一旦事实证明自己投资决策是错的，就应立即改正，以保持实力。

所谓"留得青山在，不怕没柴烧"，止损正是在投资出现明显失误时限定亏损幅度的不二法门。

成功的投资者可能有各自不同的交易方式，但止损却是保障他们获取成功的共同特征。世界投资大师索罗斯说过，投资本身没有风险，失控的投资才有风险。止损远比盈利重要，因为任何时候保本都是第一位的，盈利是第二位的，建立合理的止损原则相当有效。

股市操作中出现投资失误极为正常，关键在于应该尽量避免在一次投资失误中大伤元气，否则不仅会使保本变得非常困难（更不用说反败为胜了），还将严重影响投资者的操作心态，不利于投资者操作水平的正常发挥。因此，在高风险的股市中，在谋求高额投资回报的同时如何有效地防范风险、保全实力始终是投资者必须首先考虑的问题。及时止损能防止投资者一次交易失败就血本无归、损失殆尽，防止亏损的扩大，确保即使连续出现多次的失误，账户仍然有充裕资金可供交易。止损有助于投资者获得冷静思考的时间。止损可以让投资者缓解情绪压力，冷静思考交易的得失，使投资者重新以清晰的头脑投入到新的交易中。

亏损和盈利一样是交易的两个方面，为了获利必须有认赔的勇气和心态。亏损并不代表失败，而是迈向成功的一个必经阶段。止损有助于培养投资者健康的投资心态和果断的操作风格。同时，经过止损的操作，可以逐渐使我们形成果断决策从容交易的投资风格，为日后的成功奠定基础。

止损是人类在交易过程中自然产生的，是投资者保护自己的一种本能反应，市场的不确定性造就了止损存在的必要性和重要性。成功的投资者可能有各自不同的交易方式，但止损却是有效防范交易风险的重要手段，是保障他们获取成功的共同特征。

### 三、止损计划的实施

止损计划是指在一项重要的投资决策实施之前，必须相应地制定止损措施。止损计划中最重要的一步是，根据各种因素，如重要的技术位或资金状况等，来决定具体的止损位。止损操作是止损计划的实施，是股市投资中具有重大意义的一个步骤，倘若止损计划不能化为实实在在的止损操作，那么，止损仍只是纸上谈兵。

## 止损宝典

止损要十分迅速。有时，行情的发展不仅迅速而且持续。如果不迅速、果断地止损，那么一旦错过时机亏损会越来越大。越拖延，行情越不利于我们，最终还是会导致交易的大幅亏损。所以止损操作一定要快。现在犹豫，以后操作还要犹豫；现在止损慢，以后的止损还要慢；现在不认输，以后将不得不认输，不得不接受大幅亏损的事实。而这些都是投资者不愿意看到的，也是应该尽量杜绝出现的。

# 掌握止损的原则

止损是投资的重要原则。设立止损点，是为了保证利润的最大化与风险的最小化，从而杜绝严重亏损。投资者不能漫无目的地买进股票，然后放任自流。一般情况下，在运用止损时要遵守以下原则。

### 一、提前设置止损点

"凡事预则立，不预则废"，所有的止损必须在进场之前设定。做投资，必须养成一种良好的习惯，就是在开仓的时候就设置好止损。而在亏损出现时再考虑使用什么标准，为时已晚。

不设止损不进场。没有止损措施是要吃大亏的，一波较大的调整就可以让你损失过半。因此投资者买入股票的第一件事，不是看它会涨到哪儿，而是看它会跌到哪儿，既便是你认为十拿九稳的股票，也要设定止损位。证券市场变幻莫测，主力机构也有不得已的时候。设定止损位，即是做好最坏的打算，万一发生风险，止损位可以把亏损控制在可以忍受的幅度之内。

如果你的资金比较大，你买进的股票数量比较多，针对每一个股票都设立一个止损点显然是不现实的。这时你可以设立一个市值的止损点，尤其在资金连续增值时期，如果你预计自己的资金必然会有回落，你就可以定一个相对高的止损点，发现大势不妙马上出逃。

## 二、结合趋势设置止损

止损的目的是避害，而股市投资的最终目的是趋利，只有高质量的大势判研、精准的选时选股等技巧才能实现赢利的目的。这两者的关系好似足球中的防守与进攻，唯有全攻全守，方能决胜沙场。

一般来说，止损的依据是个股的亏损额，即当某一股票的亏损达到一定程度时，应斩仓出局。但止损的依据也可以是某个投资者的资金市值，这往往是针对投资者的整个股票投资组合而言的，当总的亏损额超过预定数值时，应减仓（减少持股）或清仓（完全离场）。止损的依据还可以是股市大势（即股指），即当股指跌破预定点位时，应减仓或清仓。在制定止损计划时，投资者首先应根据自身的投资状况来确定止损的依据。

应对不同的市场也有不同的止损方法。在强势市场中，止损位应相对窄些，执行上限；平衡市中，执行中限；弱市中，执行下限。比如做短线，在6%～10%的范围内，强市中选择6%作为止损位。因为强市中强势股尤其是热门板块的龙头股，回调超过6%的情况比较少见。在平衡市中，选择8%作为止损位。而在弱市中，选择10%作为止损位。弱市一般不应买股，但弱市中出现明显的热点时，也可以参与。由于市场较弱，个股回调的幅度也会大些，止损位过窄，可能导致频繁交易。

## 三、严格执行止损计划

止损计划必须严格执行。只有执行必要的止损计划，才能保住胜利果实，防止亏损扩大。这个道理谁都明白，但执行起来却颇有难度。卖出后怕再次上涨的想法会让你的执行变得犹豫。严格执行计划的最好办法是，经常回忆曾经有过的最大失误，对失败案例的痛苦回忆，会坚定你执行计划的决心。证券市场的自由之处在于没有人会领导你、干涉你，但没有约束的地方注定也是犯错误最多的地方。投资者对自己约束的重要性超过了一切技术性。这个道理，涉市越早的人，领悟得越深。

## 止损宝典

短线讲究积少成多，因为一次操作盈利要求不高，故止损位的设置也相当严格。如果你一次操作的平均收益是3%，那么最大的损失程度就是3%，否则资金缩水的速度肯定要快于增长速度。短线操作的关键是寻找热门板块的龙头股，短期内获取暴利。根据对龙头股回调幅度的研究，一般可将高位下跌6%至10%作为止损位。超过这个幅度，说明行情性质可能有变，需出局回避。做中线的持股时间较长，股价的波动幅度更大，可以将高位下跌15%作为止损位。作出止损操作后，就当自己没炒过这只票，不要一朝被蛇咬十年怕井绳，当发现这只股有新的买进信号出现后，应毫不犹豫地再次杀进。

# 常用的止损方法

止损是股票交易中保护自己的重要手段，犹如汽车中的刹车装置，遇到突发情况善于"刹车"，才能确保安全。止损的最终目的是保存实力，提高资金利用率和效率，避免小错铸成大错、甚至导致全军覆没。止损不能规避风险，但可以避免遭到更大的意外风险。如何设定止损位呢？如下的方法供投资者参考。

### 一、定额止损法

这是最简单的止损方法，它是指将亏损额设置为一个固定的比例，一旦亏损大于该比例就及时平仓。它一般适用于两类投资者：一是刚入市的投资者，二是风险较大市场（如期货市场）中的投资者。定额止损的强制作用比较明显，无需过分依赖对行情的判断。

止损比例的设定是定额止损的关键。定额止损的比例由两个数据构成：一是投资者能够承受的最大亏损，二是交易品种的随机波动。定额止损比例的设定是在这两个数据里寻找一个平衡点。这是一个动态的过程，投资者应根据经验来设定这个比例。止损比例设定，投资者就可以避免被无谓的随机波动震出局。

## 二、时间止损法

时间止损是根据交易周期而设计的止损技术，譬如，我们若对某股的交易周期预计为5天，买入后在买价一线徘徊超过5天，那么其后第二天应坚决出仓。人们普遍注意空间的止损，而不考虑时间因素。

空间止损方式的好处在于，可以通过牺牲时间而等待大行情，缺点在于经过了漫长的等待后往往不得已还要止损，既耽误了时间又损失了金钱。从空间止损来看价格或许还没有抵达止损位置，但是持股时间已跨越了时间的界限，此时不妨先出局观望。

## 三、技术止损法

技术止损法是较为复杂一系列的止损法。它是将止损设置与技术分析相结合，剔除市场的随机波动之后，在关键的技术位设定止损单，从而避免亏损的进一步扩大。技术止损法没有固定的模式。一般而言，运用技术止损法，无非就是以小亏赌大盈。其主要指标有：重要的均线被跌破、趋势线的切线被跌破、头肩顶、双顶或圆弧顶等头部形态的颈线位被跌破、上升通道的下轨被跌破、缺口的附近被跌破等。

这一方法要求投资者有较强的技术分析能力和自制力。技术止损法相比其他止损法对投资者的要求更高一些。技术止损法很难找到一个固定的模式。一般而言，运用技术止损法，无非就是以小亏赌大盈。比如市场进入盘整阶段（盘局）后，通常出现箱形或收敛三角形态，价格与中期均线（一般为10~20天线）的乖离率逐渐缩小。此时投资者可以在技术上的最大乖离率处介入，并将止损位设在盘局的最大乖离率处。这样可以低进高出，获取差价。一旦价格对中期均线的乖离率重新放大，则意味着盘局已经结束。此时价格若转入跌势，投资者应果断离场。盘局是相对单边市而言的。盘局初期，市场人心不稳，震荡较大，交易者可以大胆介入。盘局后期则应将止损范围适当缩小，提高保险系数。

## 四、平衡点止损法

在建仓后即设立原始止损位，原始止损位可设在低于建仓价格 5% ~ 8% 的位置。买入后股价上升，便将止损位移至建仓价，这是你的盈亏平衡点位置，即平衡点止损位。依此，投资者可以有效地建立起一个"零风险"系统，可以在任何时候套现部分盈利或全部盈利。平衡点止损系统建立好以后，下一个目的就是套现平仓。套现平仓具有很强的技术性，但是不管用什么平仓技术，随着股价上升必须相应地调整止损位置。

## 五、无条件止损法

不计成本、夺路而逃的止损称为无条件止损。当市场的基本面发生了根本性转折时，投资者应摒弃任何幻想，不计成本地杀出，以求保存实力，择机再战。基本面的变化往往是难以扭转的。基本面恶化时，投资者应当机立断，斩仓出局。

止损是控制风险的必要手段，如何用好止损工具，投资者应各有风格。在交易中，投资者对市场的总体位置、趋势的把握是十分重要的。在高价圈多用止损，在低价圈少用或不用，在中价圈应视市场变化趋势而定。顺势而为，用好止损位是投资者获胜的不二法门。

# 基本面止损

## 一、什么是基本面

基本面是指对宏观经济、行业和公司基本情况的分析，包括公司经营理念策略、公司报表等的分析。它包括宏观经济运行态势和上市公司基本情况。宏观经济运行态势反映出上市公司整体经营业绩，也为上市公司进一步的发展确定了背景，因此宏观经济与上市公司及相应的股票价格有密切的关系。上市公司的基本面包括财务状况、盈利状况、市场占有率、经营管理体制、人才构成等各个方面。

## 二、基本面止损要点

一旦基本面发生了变化，我们就需要及时止损，基本面止损又可以分为宏观基本面止损和个股基本面止损。

### 1、宏观基本面止损

虽然系统性风险是无法预测的，但是投资者可以及时采取应对措施，将损失减少到最小。例如，当次贷危机发生后，很多先知先觉的投资者由于担心次贷危机愈演愈烈，从而影响实体经济，所以在股市下跌初期就早早卖掉了手中的股票，虽然有些损失，但相比之后大盘巨大的跌幅，仍然算得上是成功的"壁虎断尾"。

### 2、个股基本面止损

当公司的基本面发生了重大变化，由好变坏时，应当及时离场，哪怕股价低于买入价。因为当基本面变坏时，公司的估值会下降，导致投资者失去持股信心，抛售股票，形成羊群效应，坚持留下来的投资者需要承受巨大的心理压力和账面浮亏，对于新股民而言无疑是"不可承受之重。"一般而言，基本面由好变坏有个渐变的过程，只要投资者留心，是能够及时发现公司的问题的。

### 三、基本面止损的注意事项

当市场处于单边市场中时（大牛市或者大熊市），投资者的止损计划需要做相应的变化。在大牛市中，止损区间可适当放宽；在大熊市中，止损区间应相对谨慎。当股票明显没有继续下跌空间时，止损策略需要暂缓执行。

执行止损时分几个步骤：在牛市中，可先小部分止损，其余大部分仍可持有观察；在熊市中，可选择大部分止损，其余小部分持有观察；在趋势由强转弱或者由弱转强时，应该调整止损策略。

# 严格遵守止损纪律

凡事知易行难，说起来容易做起来难。在投资中恰当止损，似乎也有点这样的意味，但无论做起来有多么艰难，为了投资中不大伤元气，必须以严格的止损纪律来操作。

### 一、严格按照事先设置的止损执行

止损的价格一定要事前设定，比如说低于短线买入价格的5% ~ 10%，当判断出现失误，股价下跌10%时马上无条件卖出！设定无条件执行的机械止损最低价格，是为了避免自己患得患失。当大盘走坏而你买入的个股跌到了5% ~ 10% 的范围内，就需要寻找机会止损。

在不同的止损依据下，设置止损位考虑的重点也有所区别。如对个股止损，一般根据个股的技术位和投资者对亏损的承受能力来设置，如可以简单地规定个股亏损7%或10% 为止损位，这个比例多少因个人而定。对股指止损，则根据大盘的技术位和投资者对亏损的承受能力来设置。对资金止损，则主要根据投资者对亏损的承受能力来设置。不论哪种止损计划，都需要考虑亏损承受力和技术因素。

确定止损盘之后，千万不可随意取消，或在失利的情况下将止损盘下移。要注意利用"众地莫企"的原理。如果大部分人都将止损盘设立在一个价位，你就要远离这个价位止损，以避免一网打尽。入市方向正确时，可以将原定止损盘的止损价位随大势的发展而逐步调整。

止损幅度的确定还应考虑排除日常价格波动的影响，短线投资的止损幅度要小于长线投资，较高风险状态下的止损幅度要小于较低风险状态。止损幅度过大，则丧失了止损的本意，使一次错误就造成很大的损失；止损幅度过小，很可能形成无谓的损失，因为这种情况下，止损位容易在股价的正常波动触及。可见，确定合适的止损幅度可以说是一种艺术。

## 二、培养独立自主的能力

投资者要培养以"我"为主，培养自己独立思考的能力，首先需要修炼内功，并在股市的实践中逐步树立信心。我们在股市中经常看到这样的人：昨天还发誓要紧紧捂住某一只股票，今天却早已更换成另一个筹码，日后也不断改变主意，而后市个股走势却证明其原有思路是正确的。出现这样的结果，是投资者总是人云亦云，盲目跟风，没养成以我为主、独立思考的好习惯所致。

## 三、行动果断，不拖泥带水

为避免盲目和仓促地追涨杀跌，投资者应学会三思而行，在深思熟虑后，果断出击。如面对沪深两市大盘触底反弹后的加速上行，以及诸多题材个股的大幅上扬，若不加思考地追涨，很容易成为套牢一族。此时应该选准个股，在该股回落至自己的心理价位后，果断出手。

止损过程中容易走入的误区。有的人认为只要自己不卖，亏损就是账面的，将来或许还会涨回来，这是自欺欺人的想法，更多的人到了止损价后优柔寡断，给自己找若干继续持有的理由。首先，在一个下跌市场中底在何方谁也说不准，所谓的"上升不猜顶、下跌不猜底"说的就是这个道理。此外如果一个股票你有把握判断其具有长线投资价值，那一定是事前选择做长线，绝对不

11

是事后给自己找借口。

有些投资者真正到了需要他们去落实止损计划的时候，就出现拖拉、幻想的毛病。"跌破止损位了，看着盘面似乎还有救，要不就再等等？再涨个几分钱后止损？"这就是拖拉。好吧，就让你涨几分钱。"真涨啦？不错不错，挺强势的嘛，刚才估计是洗盘震仓，我可不能上当，再等等，至少等到了成本再抛，可不能白白亏手续费。"这就是典型的幻想症。这样的人，偶尔会侥幸蒙中，但更多的时候是一等再等，一套再套，越套越深，一次次地错失良机。行动上的优柔寡断往往成为投资者被套深的重要原因。

### 四、多总结经验

华尔街一位著名操盘手曾说："股市中赚钱很快，但亏钱也很快，而且，每次亏钱都是我赚了钱后，洋洋自得之时发生的。"投资者总沾沾自喜于一得之功，这是不可取的。更重要的是失误后要善于总结，自我剖析，学习他人之长，补己之短，看似自寻烦恼，自找麻烦，其实是在塑造成功的自我。记住，人不可妄自菲薄，更不可狂妄自大。

许多投资者获利不知了结，套牢后不晓得及时止损，满脑子是一厢情愿式的单相思，总是自我安慰地认为，庄家还会拉升的。其实，这些投资者连震仓与出货都区分不出。这种幻觉变成幻想，从而演变成美妙的遐想，再由遐想落实到瞎想，结果被动得不可收拾。为了避免这种失误，辨别主流资金出没的真伪，就应该加大对管理层制定政策的心理研究，如此，将不难发现许多技术分析中难以得到的收获和惊喜。

止损的妙处，一是长痛不如短痛，止损不但把宝贵的资金收回，更使投资者能够从失败中的心理阴影中摆脱出来，通过休息的方式调整好心态，为下次成功的操作奠定基础；二是严格的止损纪律可以避免投资者一失足成千古恨，很多失败的投资者，一旦出现套牢，容易出现一路补仓等错误的操作，把错误无限放大；三是止损设定后你就具有了追高的底气，止损使你无伤大雅，在不断震荡上扬的牛市里，不追高会面临着机会的丧失。

# 第二章

# 股市墙头草——K 线快速止损策略

## 倒 T 字线止损策略

### 一、认识倒 T 字线

倒 T 字线又叫作墓碑线或下跌转折线，是指股价开盘价与收盘价一致，只有较长的上影线而没有下影线的一种特殊的十字星形态。

其特征是开盘价、最低价、收盘价，黏合在一起呈一字状，而最高价与一字线之间拉得很开，上影线较长，几乎没有下影线。即使有下影线，下影线也很短。倒 T 字线从形态上看其实就是 T 字线的倒影，倒 T 字线被投资者看作是上档抛压沉重形成的。

倒 T 字线的市场含义丰富，重点需要观察其所出现的位置：上升途中的倒 T 字线形态是主力洗盘的体现；下跌途中的倒 T 线形态有反弹受阻或反抽结束的意义；出现在底部末端的倒 T 线形态则具有试盘的意味；出现在一轮升势后，倒 T 线则显示做多乏力，多方逐渐衰弱，行情即将结束。

### 二、倒 T 字线的止损技巧

倒 T 字线出现的位置不同，其技术含义也不相同，倒 T 字线一般有四种状态，即上升趋势后期的倒 T 字线，下跌趋势后期的倒 T 字线，上升途中的倒 T

字线，下跌途中的倒 T 字线。

### 1. 上升趋势后期出现的倒 T 字线

在上升趋势中出现倒 T 字线称为上档倒 T 字线，又称为下跌转折线。表明多方主力在空方主力的打击下，已无力将股价继续推高，股价将要形成反转走势。倒 T 字线出现在股价上涨趋势的末端，尤其是股价连续大幅上涨之后，为卖出信号，代表股价上档抛压沉重，后市股价见顶回落的概率较大。

投资者看到在股价大幅上涨后出现倒 T 字线时，要及时止损，因为倒 T 字线能不能成为见顶信号，首先要看股价前期涨幅是否过大，如果股价有了较大的涨幅，那么这根倒 T 字线成为见顶信号的概率较大。而且如果后期股价开始掉头向下，重心逐日下移，那么此倒 T 字线则可判定为见顶转势信号。图 2-1 为 2014 年 9 月 1 日的北斗星通，上升趋势后期出现的倒 T 字线，此后股价持续下跌。倒 T 字线成为股票买入的止损点标志。

图 2-1　上升趋势后期倒 T 字线

### 2. 下跌趋势后期出现的倒 T 字线

倒 T 字线出现在股价下跌趋势末端，尤其是股价连续大幅回调，短期超跌，K线与均线之间乖离率过大之后，或在股价出现几连阴之后出现倒 T字线，为买进信号，该倒 T字线就有可能促使股价止跌反弹，成为股价上攻启动的导火索。

倒 T字线如果出现在下跌末期便是股价见底信号，特别是末期下跌三连阴后出现倒 T字线，或二黑夹一红后出现倒 T字线。如果第二天出现大阳线，并组成早晨之星或身怀六甲，那将是一个非常好的切入点。图 2-2为 2014年 12月 23日的铜峰电子，K线底部出现倒 T字线，此后股价持续上扬。倒 T字线成为股票买入的切入点。

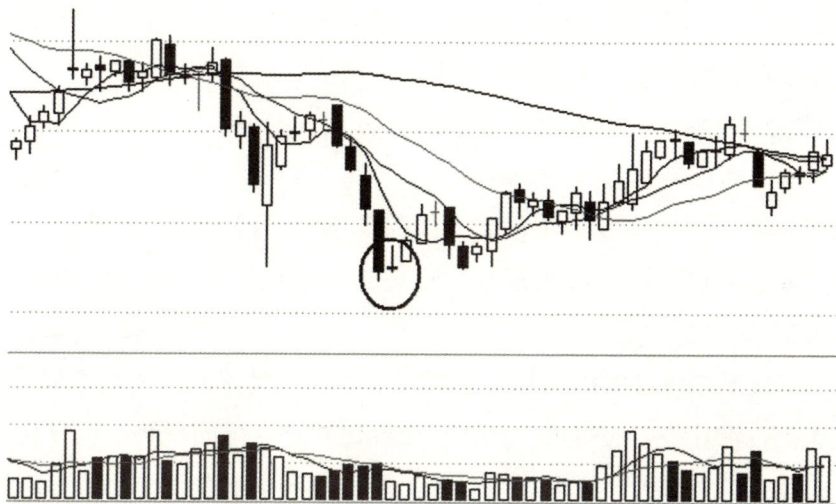

图 2-2　下降趋势后期倒 T字线

### 3. 下跌趋势中出现的倒 T字线

在下跌趋势形成后，连续出现了多根一字线，之后又出现了一根倒 T字线，这根倒 T字线的出现表明主力为了出货以跌盘板开盘后，盘中打开跌停，以便引诱不明真相的投资者进场做多，达到他们诱多出货的目的。当主力顺利出货后，将股价继续封在跌停位置，就把盘中跟进的投资者关在里面，之后股价重心下移，继续走下跌趋势。因此当下跌趋势形成后出现的倒 T字线具有助跌的作用，而投资者应继续回避此类个股，以免中了主力的圈套。

当倒 T字线出现在下跌途中时，便成为下跌中继信号，有助跌的作用，表示后期行情继续看跌。如果投资者此时仍持有股票，就要及时止损做空，个股此后将会出现更大幅度的下跌。

### 4. 上升途中出现的倒 T 字线

在上升趋势形成后，股价一路上行。在途中出现了一根倒 T 字线，这根倒 T 字线能否看做是助涨信号，要看之后股价所运行的位置。如果后期股价能够运行在倒 T 字线上影线之上，那这根倒 T 字线便可看作上涨中继信号。

倒 T 字线出现在股价上涨途中，股价刚刚启动上攻或股价刚刚上攻修筑第一个小平台整理，在股价第一次整理之后向上突破的第一根倒 T 字线，有时候反而是股价上攻过程中的指路明灯，后市将继续看涨。当倒 T 字在上涨途中出现时，为上涨中继信号，具有助涨的作用，表示继续看涨。

倒 T 字线形态，若均线系统处于多头排列，形态位于均线上方，则多数为上升中继的整理形态。当股价处于高位，倒 T 字线形态处于均线系统下方，上影线部分明显受到均线系统压制，这时的倒 T 字线形态则多数是反抽均线形态，低位刚刚启动的个股出现这种形态是属于试探压力位的形态，投资者应注意区分。

倒 T 字线形态还可根据 MACD 指标的金叉死叉情况判断未来走势，若倒 T 字线出现在一轮升势后的高位，MACD 已经出现顶背离的趋势，次日往往大幅低开，跌势急，跌幅大，投资者要坚决出局。上升中继型倒 T 字线形态量能一般无明显异动，低位倒 T 字线形态一般量能温和放大（1.5 ～ 2 倍左右），而高位的倒 T 字线形态多为放量形态。

### 三、倒 T 字线的操作注意事项

上档倒 T 字线在不同的周期 K 线中出现，对股价以后走势的影响力度的大小会有所不同。月线出现上档倒 T 字线，股价可能长达数年逐渐走低，周线出现上档倒 T 字线，股价可能长达数月逐渐走低，日线则可能是数周或数日走低等。总之，上档倒 T 字线的分析周期越长，影响力就越大；反之，则越弱。

由于倒 T 字线所代表的含义是空方在盘中占有绝对优势，有下跌转折的可能，所以倒 T 字线也经常被庄家、主力利用，进行洗盘动作，所以当 K 线走势图形出现倒 T 字线形态之后，投资者应当冷静沉着应对，对倒 T 字线所出现的不同位置进行重点分析，以防中了主力设下的陷阱和圈套。

# 吊颈线止损策略

## 一、了解吊颈线的定义

股价经过一轮涨升后，在高位有时会出现一条长下影、小实体的图线（阴阳不分）称为吊颈线。吊颈线是强烈的卖出信号。

吊颈线是空头 K 线形态之一。如当天大盘或个股股价平开或小幅跳高、跳低开盘，其后大幅下跌，但尾盘又大幅收高，留下长长的下影线，而 K 线实体无论是阳线或阴线都相当小，仅为影线的 1／3 或 1／4，这样的 K 线即是市场中人所称的吊颈线。

吊颈线也叫上吊线，是典型的跌势反转信号，（位置）一般出现在一波长期上涨行情的最高端附近，（形态）实体很小，下影线很长，下影线长度是实体三倍以上，下影线低点最好悬空，不和均线和趋势线相交叉。上吊线出现代表行情大幅崩落，是个骗钱线。

当吊颈形态满足以下两个条件时，市况见顶回落的可能性非常大：一是吊颈 K 线为阴线，二是吊颈的下影线部分比 K 线实体长两倍以上。吊颈形态出现之后的第二根 K 线一般为阴线，阴线的长度越长，新一轮跌势开始的可能性就越大。图 2-3 为山大华特 2014 年 12 月 17 日出现的吊颈线，此后股价由31 元暴跌至 26.05 元，跌幅高达 16%。

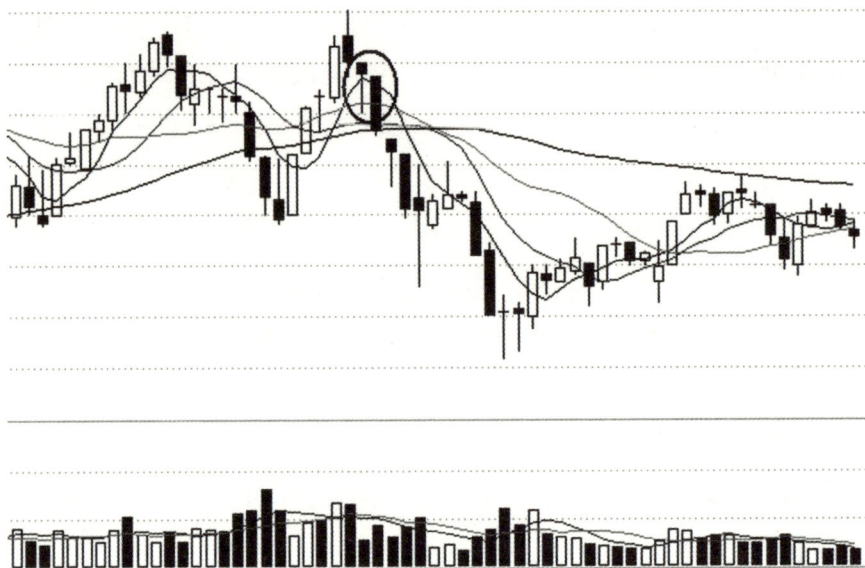

图 2-3　吊颈线

## 二、吊颈线的止损策略分析

高位吊颈线总是出现在股票持续攀升了一段时间之后。当股价最后加速上冲，终于有一天，在以较大的幅度开盘后，由于总体升幅太大，买盘后援不足，同时获利盘看到其高位滞涨，上冲动力减弱，获利了结的欲望也开始增强，加上主力也加大了出货的力度，于是卖盘增加，买盘却收手，造成接盘无力，股价走低，从而刺激更多的卖压出现，股价加速回调，有时甚至下跌到前一天的收盘价之下。

在大多数情况下，收出吊颈线的当天，股价多数都不能以涨停报收，但无论是什么情况，高位抛压加大这一点都是无法否认的。

吊颈线形成时若伴有巨大的成交量，尤其是出现近期天量的时候，要特别警惕股价可能会出现单日反转；相反，若吊颈线形成时，成交量大幅萎缩，则应等待出现另一个确认信号，即第二天是否是放量阴线，才能做出最后判断。若股价在高位出现吊颈线形态，则形成顶部的可能性较大；相反，若股价刚脱离底部，则其成为整理形态的可能性较大。吊颈形态出现时，当日的成交量转为萎缩，说明当日为无量空涨形态，进一步印证涨势的不可持续。

一般来说，该K线在股价已有较大涨幅情况下出现，其显示的转跌信号比较可靠。如果此时吊颈线是以阴线形式出现，则下跌的概率更大。投资者在上涨行情中，尤其是股价已有大幅上扬情况下看到此K线，必须引起高度警惕，不管后市如何，可先做些减磅。日后一旦发觉股价掉头向下，应及时抛空出局。

如果吊颈线出现在上升趋势之后，则构成一个看跌的K线图形态。在分析吊颈线时，有一点非常重要：当吊颈线出现后，必须等待下一个交易日的看跌信号，对它加以验证。吊颈线的验证信号可能采取下面这样的形式：吊颈线次日的开市价向下跳空缺口越大，验证信号就越强烈。还可能采取另外一种形式：吊颈线次日是一根黑色K线，并且它的收盘价格低于上吊线的实体，则完成了看跌的验证信号。

一般说来，如果出现这样的形态，有货的投资者都应该在当天尾市拉高时及早清货，至少在第二天跳空低开后，就应该毫不犹豫地清仓手上持有的股票，及时止损。

### 三、吊颈线的操作注意事项

吊颈线与黄昏之星一样，都不是从单个K线便能得出短期或中期头部的可靠判断，吊颈线或黄昏之星都需几根K线的组合，才能形成较稳定的形态，以判断后市股指或股价趋势的空头走向。如吊颈线出现之前有加速上涨的放量长阳线，吊颈线出现之后马上跟随着中阴或长阴线，则后市下跌趋势较明朗。

# 黑三兵止损策略

### 一、认识黑三兵形态

黑三兵K线组合也叫绿三兵，由3根小阴线组成，其最低价一根比一根低。因为这3根小阴线像三个穿着黑色服装的卫兵在列队，故名为黑三兵。

其技术形态：

1. 可在涨势中出现，也可在跌势中出现；

2. 由三根小阴 K 线排列组合而成；

3. 三根小阴 K 线的开盘价、最高价、最低价、收盘价依次是一根 K 线比一根 K 线低。

黑三兵全一色的绿油油、灰暗暗，给投资者的视觉产生强烈的危险震撼。

黑三兵通常说明空头逐渐占据优势，是卖出信号，后市继续下跌的可能性大。此时空头虽然没展露强大的动能，但趋势已经形成，多头要扭转不是易事。图 2-4 为 2014 年 12 月 4 日的九安医疗，K 线顶部出现黑三兵，此后股价持续下跌。由最高点的 30.88 元，跌至 22.51 元，跌幅达 27%。

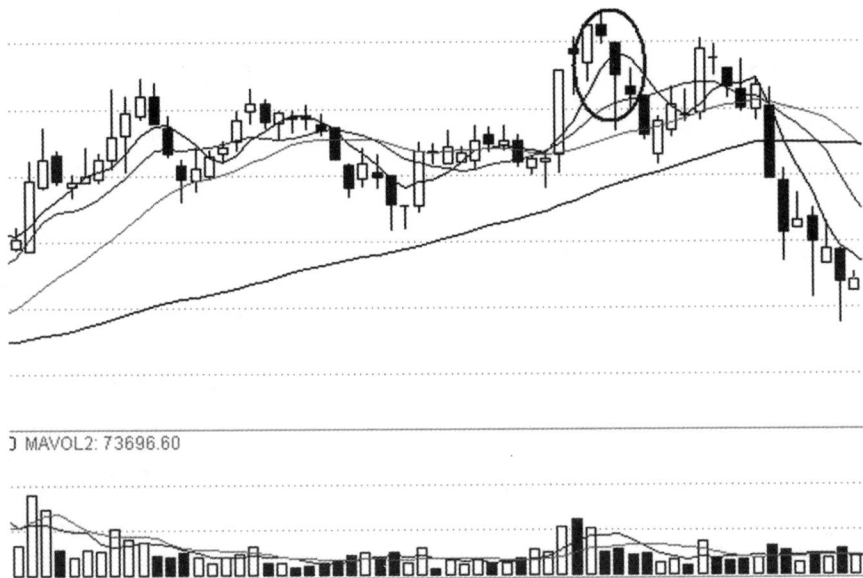

图 2-4　顶部黑三兵

## 二、黑三兵形态的止损策略

黑三兵 K 线组合三根 K 线都是小阴 K 线，显示了市场上的多头力量与空头力量经过博杀较量后，空方力量每一次都取得小胜，而多方力量正在节节败退，当外在的做空条件成熟时，股价在空头力量的爆发过程中将会继续下跌。而当该形态处在一段下跌行情之后，由于连续做空，空方力量得到了极大的宣泄，极有可能由此进入反弹行情。

黑三兵出现在不同的趋势方向及在趋势的不同位置都具有不同的技术含义，在行情上升时，尤其是在股价有了较大升幅之后出现，预示着行情快要转为跌势。如果在下跌行情中，股价已经有了一段较大跌幅或连续急跌后出现，暗示探底行情短期内即将结束，有可能转为一轮升势。

黑三兵虽然跌幅不大，但连续的下挫也足以威慑持股者的心理。因此黑三兵也经常被主力用来制造诱空陷阱，营造惨淡的市场气氛，逼迫投资者交出廉价的筹码。这种情况是很常见的。

黑三兵在行情上升时，尤其是股价有了较大升幅之后出现，暗示行情快要转为跌势。因此，投资者在见到上涨行情中出现的黑三兵，要考虑做空。

判断黑三兵是转势信号还是诱空陷阱，同样要关注股价整体位置。大幅下跌之后出现的地量黑三兵很多是诱空陷阱，这最后一跌完成后股价可能就会很快反转。不过要判断底部始终是件很困难的事。在上涨的途中，也经常有用黑三兵洗盘的，此时中长线投资者可继续持股。在大幅上涨后出现的黑三兵则很可能是股价反转下跌，后市应该还有较大跌幅。洗盘的黑三兵通常量能明显萎缩，说明主力并未出逃。反转信号的黑三兵不一定放量，但前后应该有异常的量能放大。

投资者见到黑三兵后，可根据黑三兵出现的位置，决定不同投资策略，也就是说，在上涨行情中出现黑三兵，要考虑做空；在下跌行情中出现黑三兵，要考虑做多。

### 三、黑三兵的操作注意事项

黑三兵K线组合中后一根小阴K线相比前一根小阴K线都是以最低价收盘。此类型的黑三兵K线组合是空头强势型组合。如果每一根小阴K线上都带有很短的上影线或下影线，影线的出现反映了空方力量虽然战胜了多方力量，但在博杀较量的过程中，多头力量还是出现了抵抗。所以此类型的黑三兵

21

K线组合是空头弱势型组合。

# 黄昏之星止损策略

## 一、认识黄昏之星

黄昏之星，指的是股价在高位跳空高开，并且形成一个上下影线都很长的十字星形状的K线，通常如果遇到的是阴线，并且放量，那么黄昏即将到来（如图2-5）。

图2-5 黄昏之星形态

黄昏之星是由3根K线组成：第一天，市场在一片狂欢之中继续涨势，并且拉出一根长阳线。第二天，继续冲高，但尾盘回落，形成上影线，实体部分窄小，构成星的主体。第三天，突然下跌，间或出现恐慌性抛压，价格拉出长阴，抹去了前两天大部分涨幅。黄昏之星充当顶部的概率非常高，在牛势的后期，要特别警惕这种反转信号。

### 二、黄昏之星的止损策略

黄昏之星是由三支阴阳烛组成的转向利淡形态，通常在一个上升趋势后出现。当市场出现一条大阳线后，通常会产生跳空高开的情况，有时会出现十字星或类似十字星的小阴线（小阳线），另一种相反的情况是十字星出现在一条大阴线后，在这两种情况下形成的类似十字星的K线都称为"星型线"，当该形态出现在一段上升行情的当中，就很容易形成所谓的经典K线形态——黄昏之星。

黄昏之星K线组合的长阳线越长，其市场意义越强；星线的K线实体越小，其市场意义越强（十字线则市场意义更强）；星线左侧的实体缺口越大，其市场意义越强；星线两侧都有实体缺口，则市场意义强烈（星线两侧都有缺口，则构成岛形反转，市场意义更强烈）；长阴线刺入长阳线实体越深，其市场意义越强；如果黄昏之星形态与上方的阻力位相接，则市场意义强烈。

一般情况下，如果黄昏之星形态中的第二根K线与前一根K线之间出现缺口，则看跌概率大增。第三根K线插入第一根阳线实体位置一般要超过1/2，插入越深显示转势概率越大。如果星线的上影线很长或最高价刷新前期高位后未能突破且被打回的话，通常见顶概率大增。第二根K线的性质较为重要，阴线比阳线见顶的可能性要高，阴或阳十字星比阳线见顶的可能性要高。

对于激进的短线投资者而言，黄昏之星当中的第三根K线即阴线本身就是一个较好的止损点或止盈点，但这种简单的运用对于中线投资者而言还是有一定的偏差，因为在强势的多头上涨行情中，有时黄昏之星往往也有可能以失败告终。有时形成典型的黄昏之星之后却能继续震荡上行，在回补了向下跳空缺口之后才转而下行。

对待黄昏之星的风险，等待是最好的技巧，时间是最好的帮手。稳健的办法是在黄昏之星出现之后再静等二至三天，如在这一时间内反弹能吞食掉黄昏之星第三根阴线实体2/3以上，说明多头仍具有一定的实力，操作上不必过早出局；如在二至三天内反弹未能吞食掉黄昏之星第三根阴线实体2/3处，说明空头已基本获取主动权，可确定空头已占上风了，下跌趋势已确立；如果在二至三天内不出现小幅反弹，甚至自由落体式出现暴跌的态势，说明空头力量已全面爆发，此时要快刀斩乱麻，趁早出局，现金为王。

### 三、黄昏之星的操作注意事项

黄昏之星的出现，就预示着股市即将转势下行。在黄昏之星的组合中，日K线的分析与乌云盖顶等有许多相似的地方，但它的出场信号却比其他星图形态更为隐蔽，所以有不少投资者容易将其当作中途换手的十字星，麻痹上当。为此，十字星出现时，投资者应加倍警惕，分辨是否该获利出场。

对于长阳线与小实体K线之间的"实体缺口"，不必呆板地坚持必须要有，要灵活掌握，只要后面的长阴线较深地刺入前面的长阳线，则表明阶段性头部市场意义的成立，那么小实体K线的市场意义就是：上升趋势中"多空双方僵持"，"股价走势遇阻"，"市场表现犹豫"。因此不必刻意要求必须有实体缺口，平开小实体K线，甚至"孕小实体K线"，都可以确认为黄昏之星组合成立。

# 下跌三部曲止损策略

### 一、认识下跌三部曲

下跌三部曲又叫作降势三鹤，标准图形由五根K线组合而成，首先由一根较有力度的大阴线或中阴线开始，随后接连出现三根小阳线持续反弹，但三根小阳线的实体均包含在前一根大阴线的实体之内，三根小阳线的最高收盘价并没有向上突破第一根阴线的开盘价位，紧接着股价再拉出一根较有力度的大阴线或中阴线向下破位，并一举跌破第一根大阴线或中阴线的收盘价位，股价再次创出整个K线组合新低，即所谓的下跌三部曲（如图2-6）。

下跌三部曲的特征是在股价下跌时出现了一根实体较长的阴线，随后连续拉出三根向上走的实体较小的阳线。但最后一根阳线的收盘价仍比前一根长阴线的开盘价要底，之后就又出现了一根长阴线，把前面的三根小阳线全部或大部分吃掉。

下跌三部曲作为下跌中续型线，预示股价仍将下挫，因此为重要的止损出局信号，最有效的止损位是在第二根大阴线出现之际股价击破第一根长阴线的收盘价时，当然市场感觉好的投资者也可在出现阴线初期提前出局。

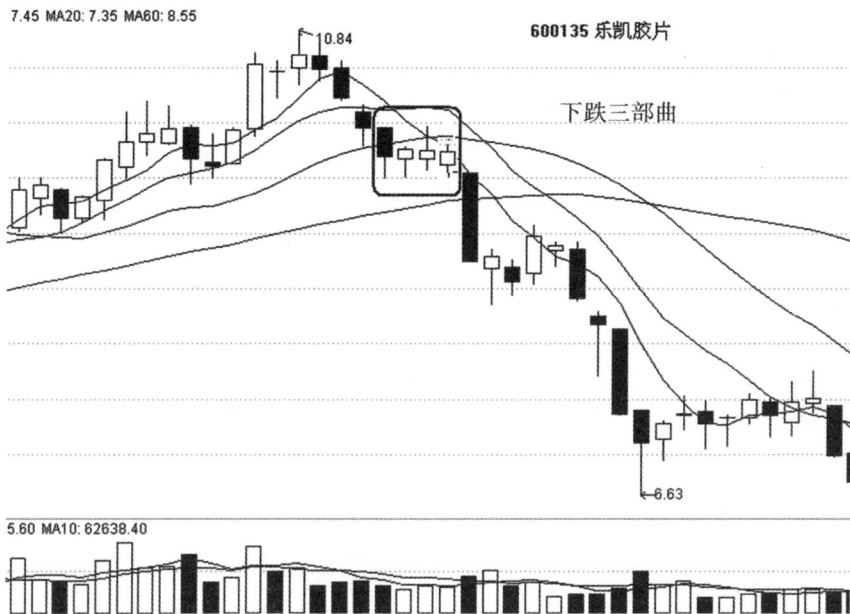

图 2-6 下跌三部曲形态

## 二、下跌三部曲的止损策略

下跌三部曲的出现表明多方虽然想作反抗，但最终在空方的打击下不堪一击。这表明股价还会进一步向下滑落。所以看到这种图形就要顺势而为，减持手里的仓位。

成交量是验证下跌三部曲形态是否真实的关键，在下跌行情初期或下跌趋势途中出现的下跌三部曲，第一根大阴线或中阴线出现时，成交量配合应当有放量行为，若第一根阴线是断头铡刀或刚刚跌破下跌中继平台，属于刚刚破位走势，后市股价继续大幅下跌的信号将更加可靠。在第一根中阴线或大阴线之后持续出现的小阳线反弹应当是缩量反弹走势，这样的量价配合，更说明股价弱势反弹，丝毫看不出有主力资金介入的迹象。

最后一根中阴线或大阴线应当配合再次放量，收盘再次创出 K 线组合新低，表明股价短暂反弹之后，空头能量再次聚集，宣告新一轮下跌的开始。从而预期股价后市仍将下挫，因此，量价配合完美的下跌三部曲组合，后市行情几乎必跌无疑。

在实战中，下降三部曲为投资者提供了两个卖点：

第一个卖点是下降三部曲还没有形成，当第一根大阴线出现，随后股价持续小阳线反弹到第一根大阴线开盘价重要阻力位时。众所周知，每一根较有力度长阴线的开盘价位都非常关键，一旦股价收盘有效站上长阴线开盘价位之上，此点位就会由压力变为支撑，后市支撑股价继续向上推动。而一旦股价没能有效向上突破阴线，站上开盘价位，投资者就应当注意风险。防止股价再拉放量长阴下跌，走下降三部曲组合。

所谓的下降三部曲 K 线图形由三个部分组合而成。首先由一根下跌趋势中较有力度的大阴线或中阴线开始，表示股价下跌趋势途中，空方下跌动能较为强盛。第二部分股价在大阴线之后，多头出现短暂抵抗行为，股价连续收小阳线向上攀升，三根小阳线类似于红三兵走势，表示股价走势并没有真正企稳转强。第三部分，股价紧随其后再次出现一根较有力度的大阴线或中阴线，表示股价下跌趋势途中，小阴、小阳组成的弱势反弹基本结束，后市股价极有可能继续弱势回调，惯性下滑寻底。

当投资者盘中发现，股价反弹运行到第一根大阴线开盘价附近掉头向下，盘中分时图显示分时线跌破均价线有放量加速下行迹象时，可以在下降三部曲最后一根长阴线当天股价向下掉头下跌时，盘中提前出局。这样投资者可以通过盘中分时量价关系，抛在一个相对较高的点位。

第二卖点是当下降三部曲 K 线组合图形完成之后，果断止损出局，换股操作。

综上所说，投资者在股价下降趋势中见此 K 线组合，即使没有抛在下降三部曲的第一个卖点，也不能麻痹大意，仍应当尽快止损出局，换股操作，避免股价新一轮下跌开始而蒙受更大的损失。

### 三、下跌三部曲的操作注意事项

投资者也可以将下降三部曲看作是两阴夹一阳走势进行分析。在股价实际走势中，标准的下降三部曲 K 线组合图形并不多见，连接两根中阴线或大阴线的反弹小 K 线并非一定是三根小阳线，中间也有可能掺杂小阴线或十字星；连接两根中阴线或大阴线之间的小 K 线也不一定是三根，可以是两根、四根、五根或多根。这些都是下降三部曲的变异图形，看到此类图形就要多加注意。当然也不要生搬硬套，要活学活用才好。

# 十字线止损策略

### 一、认识十字线形态

K 线形态中称为"星"的种类相当多，我们这里介绍的是十字星，一般称为"十字线"。因十字线的形态酷似基督徒坟墓上的墓碑，因此，又称十字线为"墓碑"。

十字线可视为反转信号，若出现在股价高档时，且次日收盘价低于当日收盘价，表示卖方力道较强，股价可能回跌；若出现在股价低档时，且次日收盘价高于当日收盘价，表示买方力道较强，股价可能上扬。

十字线是一种不同凡响的趋势反转信号。如果十字线之后的 K 线发出了验证信号，证实了它的反转信号的话，就进一步加大了趋势反转的可能性。需要指出的是，只有在一个市场不经常出现十字线的情况下，十字线才具有重要意义。如果在某 K 线图上有许多十字线，那么当这个市场形成了一根新的十字线的时候，我们就不应当将它视为一条有意义的技术线索。

## 二、十字线形态的止损分析

十字线之所以极有价值，是因为它在揭示市场顶部方面有过人之处。在上升趋势中，如果前面出现一根长长的红色 K 线，后面跟着一根十字线，这种情况尤其值得注意。这说明买方犹豫不决，看不准市场方向，或者不能当机立断，那么当前的上升趋势是维持不下去的。在市场经历长期的上涨之后，或者当市场处于超买状态时，如果出现了一根十字线，则意味着买方搭起来的脚手架马上就要垮掉了（如图 2-7）。

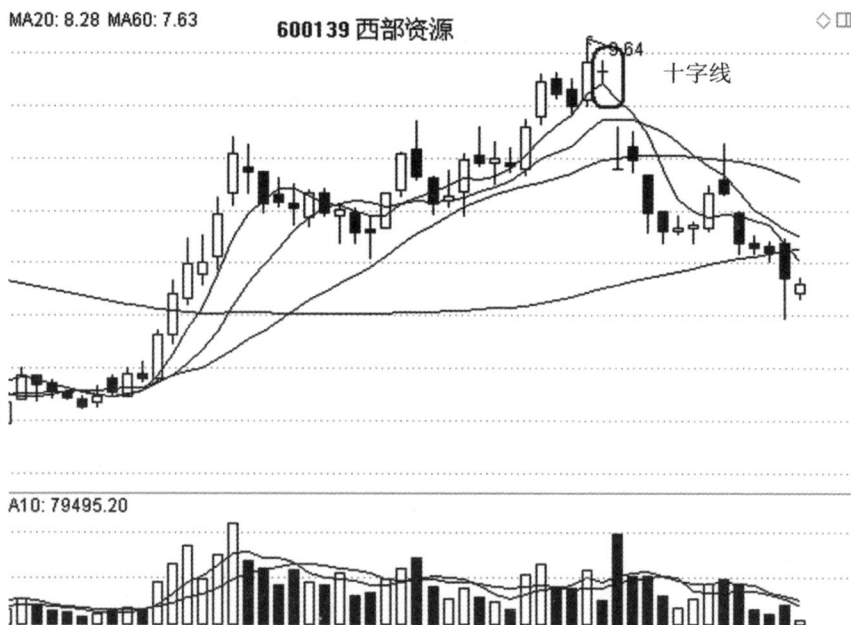

图 2-7　十字线形态

当股价有了一定涨幅之后，在高位区域出现一根长十字 K 线，虽然之后股价没有马上进入下跌趋势，且又形成了一波反弹，但在后期的上涨过程中股价不再创新高，表明此时主力已经无意继续做多，长十字线后面的拉升也只不过是主力在进行最后的诱多出货，当诱多结束后，股价就将开始步入下降轨道。因此当在高位区域见到长十字线出现后，就要及时做出离场的准备，一旦发现形势不妙，马上出局。如在该信号之后出现任何姿态的 K 线时，仍然伴以巨量或获利区筹码加速上移，应以观望为宜，绝不进场。

由于"十字星"形态在K线学上扮演着相当重要的角色，在实际操盘中不少庄家为了达到吃货及洗盘的目的，都喜欢在小型股和投机性股票中利用"十字星"骗线，以引诱那些盲目崇拜"技术形态"的股民。庄家利用散户的这种"技术心理"而反向操作的手法，就是通常在股价上涨一段距离之后，刻意让股价以十字星形态收盘，不明就里的散户如果见此信号便认定股价将做顶而将股票卖出，就正好中了庄家调虎离山之计。

辨别十字线骗线的方法，除了要看股票的特性之外，最有效的就是判断其波段的循环。一般而言，主力营造十字线形态的时机，大都与波段循环高低点的位置不符，因此，细心的股民可以从波浪理论中发现其破绽。另一方面，如果是专业股民，平常会有时间盯着盘面上的行情波动，那么此时就可以注意其收盘的走势。倘若收盘的那一刹那，突然有天外飞来的几笔大买卖单，正好让股价以十字线收盘，那就应该警觉，因为庄家人为操作的可能性相当高。

### 三、十字线的操作注意事项

出现十字线虽然代表市场有"疲惫"的意思，但不能将十字线视为独立的买进或卖出讯号，因为十字线的顶端经常代表压力，但随后的价格如果穿越十字线的高价，上升趋势应该可以继续发展。当十字线出现时，应该等待一两个交易时段，观察行情的发展。

# 倾盆大雨止损策略

### 一、认识倾盆大雨形态

倾盆大雨是指在股价有了一段升幅之后，先出现一根中阳线或大阳线，次日出现一根低开的中阴线或大阴线，其收盘价低于前日阳线的开盘价，并同时伴有巨大的成交量。前日阳线上涨态势明确，但次日风云突变，空头把股价打至前日开盘价之下，多头几乎毫无还手之力，足见空头之强势。这个组合通常视为股价反转向下的信号。

倾盆大雨的形态特征：

（1）出现在涨势中；

（2）由一阳一阴两根K线组成；

（3）先是一根大阳线或中阳线，接着出现一根低开的大阴线或中阴线，阴线的收盘价低于前一根阳线的开盘价。

倾盆大雨是"旭日东升"的反向形态，它往往在股价拉升到高位或已有一定涨幅之后出现。伴随着股价的不断推高，投资者对后市的上升空间充满了无限憧憬，而此时股价却突然出现跳空低开，然后低走，最终收盘于前日阳线实体之下，形态走势犹如雨水突然下泄一般，故命名为"倾盆大雨"。

## 二、倾盆大雨形态止损分析

倾盆大雨意思是说当这种K线组合出现后，股价就要受到暴雨的袭击了，因此看到这种图形就要及早退出观望。这种低开低收的阴线使多方信心受到了极大的打击，这种图形出现后如果伴有大成交量，则形势更糟。所以见到这种图形后第一反应就是减仓（如图2-8）。

个股跟随大盘低开暴跌，收出大阴线，与前日阳线形成倾盆大雨的组合图形，说明空头倾巢而出，几乎是不计代价落荒而逃，表明市场一致看空，后市应该还会继续下跌。此后该股也确实大幅下挫，这说明倾盆大雨往往是市场转势的标志，投资者应及时出局。

其次看成交量，下跌的时候如果爆出巨量，那是主力出逃已经毫无疑义。通常洗盘的倾盆大雨会缩量，但也不排除对倒做出较大的量能。

倾盆大雨明确表示空头接管局势，多头没有抵抗之意，后市继续下跌的可能性极大。也正是因为倾盆大雨的威势惊人，可以吓倒很多人，所以经常被主力用来制造诱空陷阱，逼迫散户交出筹码，特别是在股价的上涨初期，主力需要清洗浮筹，减轻上涨压力，这样的行为不难理解。

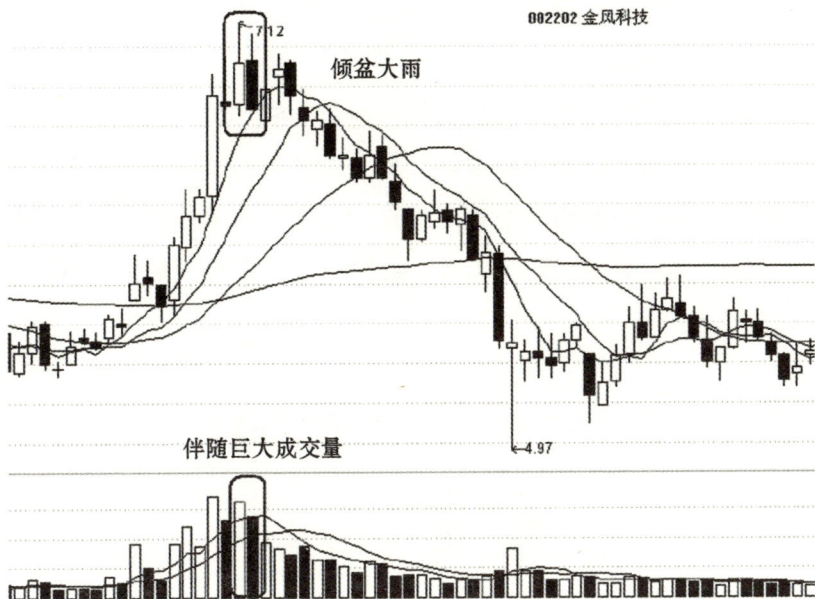

图 2-8 倾盆大雨形态

当然并不是说出现这个图形股价就非跌不可，也不排除庄家利用此招进行洗盘，为日后股价上升打基础。但总的说来这种情况发生的机会很少。因为如果利用这种方法洗盘把技术图形搞坏，本身就要冒洗盘没洗成反而招来更大的抛盘，从而促使股价快速下跌，把自己套住的风险，再一个就算是庄家洗盘也大多数发生在股价上涨的初期，一般不会发生在股价有了很大的涨幅之后。所以我们在看到股价上涨了很多之后看到这种图形就要减仓，一旦发现股价重心下移就坚决抛空离场。

倾盆大雨出现后通常投资者会暂时出局，但是做中长线的投资者就会考虑再三。要识别倾盆大雨是否陷阱还要关注股价的整体位置。如果股价整体涨幅不大，倾盆大雨是陷阱的可能性就比较大，中长线投资者也就没必要出逃。如果股价涨幅已大，则很可能是股价见顶的表现，需暂时清仓出局观望。

**三、倾盆大雨的操作注意事项**

股价前期涨幅较大，主力随时有出逃的可能。倾盆大雨前后应该有量能的放大，说明主力可能趁机出逃。如果组合形成后股价继续下跌，则说明跌势确认，投资者应暂时回避。

如果个股低开低走，收出大阴线，与前日阳线形成倾盆大雨的组合图形，这说明空头强势出击，已经完全掌控局势，股价可能继续下跌。如果次日该股大幅高开收阳，后市该股稍微调整后更是加速上行，涨幅甚大，这说明前面的倾盆大雨不过是主力的诱空陷阱，过早出局的投资者肯定后悔不迭。

# 乌云盖顶止损策略

### 一、了解乌云盖顶的形态

乌云盖顶，顾名思义就是一种见顶回落的转向形态，由一根阳线与一根阴线组成，第一根为强劲的阳线，第二根 K 线开盘价比前一日的最高价要高，但收盘价为当日波动的低点，而且深入第一根阳线的实体部分（如图 2-9）。实战中第二根阴线必须切入第一根阳线实体的一半以上，才有足够力量促使转势，否则最好等候趋势进一步发展。

乌云盖顶是用来判断顶部反转的信号。相对而言，乌云盖顶形态比较简单，它只有一种形式，不像其他的形态或者 K 线组合有多种变化形式，以下是最典型的乌云盖顶 K 线组合。

乌云盖顶一般出现在上升趋势之后，在有些情况下也出现在水平调整区间的顶部。在这一形态中，第一天是一根坚挺的白色实体。第二天的开市价超过了第一天的最高价（也就是说超过了第一天的上影线的上顶端），但是，市场却收市在接近当日的最低价水平，并且收市价明显地向下扎入第一天白色实体的内部。第二天的黑色实体向下穿进第一天的白色实体的 50%。如果黑色实体的收市价没有向下穿过白色蜡烛线的中点，那么，这类乌云盖顶发生后，我们最好等一等，看看是否还有进一步的看跌验证信号。

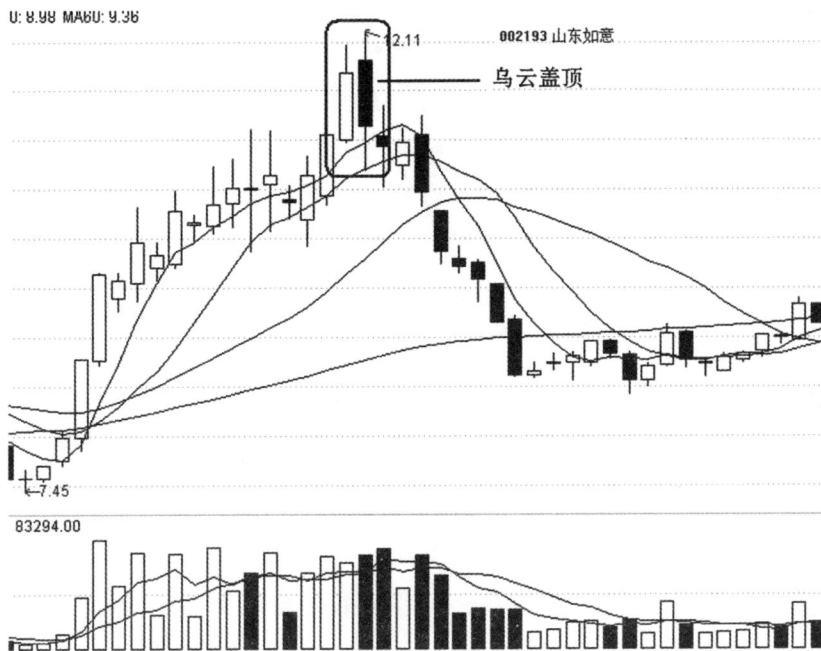

图 2-9 乌云盖顶形态

## 二、乌云盖顶形态止损分析

乌云盖顶形态发生在一个超长期的上升趋势中，它的第一天是一根坚挺的白色实体，其开市价就是最低价（就是说，是秃脚的），而且其收市价就是最高价（就是说，是秃头的）；它的第二天是一根长长的黑色实体，其开市价位于最高价，而且收市价位于最低价（这是一个秃头秃脚黑色蜡烛线）。

第二根 K 线应高开于第一根 K 线的最高价之上，但收盘价大幅回落，切入第一根 K 线实体部分一半以下，否则分析意义不大。第二根 K 线实体切入第一根 K 线实体中越多，说明市况见顶回落的可能性越大。第二根 K 线在开市阶段曾经向上突破明显的阻力位，然后掉头向下，说明多头上攻乏力，大势见顶的迹象已经显露。第二根 K 线开盘初段的成交量也是很重要的指标，成交量越大，表示其中潜伏的投资者越多，市势转向的可能性越大。

这种看跌形态背后的道理是很容易理解的。在形态发生之前，市场本来处

33

于上升趋势之中。第二天，市场在开市时便向上跳空。到此刻为止，牛方完全掌握着主动权。然而，此后，市场却没有继续上冲。事实上，市场收市在当日的最低价处，或者在最低价附近，并且这个收市价明显地向下扎进了前一天的实体内部。在这种情况下，多头头寸持有者的信心开始动摇。还有一些人一直在找机会卖出做空，那么现在他们就得到了一个设置止损指令的参考水平——在乌云盖顶形态的第二日形成的新高价格水平。

乌云盖顶是一个见顶标志，预示价格可能会见顶回落。长线投资者可以制定初始的空单策略，轻仓建空。在一段上涨趋势中，不要被第一天的大阳线所迷惑，但也要观看第三天走势，确定下跌形态。

在乌云盖顶做空时候，一种设定止损的方法，是在第二形成的K线高点之上设立止损单。乌云盖顶是强烈的卖出信号，一旦出现，应果断离场。高位乌云线出现的频率很高，在许多高价点位上都能见到这一图线。投资者应对这一形态高度重视，凡在高位出现乌云盖顶，第二天又继续收阴时，应坚决止损出局。

### 三、乌云盖顶的操作注意事项

乌云盖顶形态中，黑色实体的收市价向下穿入前一个白色实体的程度越深，则该形态构成市场顶部的机会越大。如果黑色实体覆盖了前一天的整个白色实体，那就形成了看跌吞没形态。从这一点上说，作为顶部反转信号，看跌吞没形态比乌云盖顶形态具有更重要的技术意义。如果在乌云盖顶之后，或者在看跌吞没形态之后，出现了一根长长的白色实体，而且其收市价超过了这两种形态的最高价，那么这可能预示着新一轮上冲行情的到来。

# 穿头破脚止损策略

## 一、认识穿头破脚形态

穿头破脚形态以两支阴阳烛连接着而构成，通常这种组合出现在市况经过一轮上升后，使其后的回落较为明显，走势转淡。首先出现一支阳烛（低开高收），即使烛身附有影线，但其长度也颇短。第二天出现阴烛（高开低收），其烛身比前一支阳烛较大，并且完全遮掩或吞没阳烛的烛身。

穿头破脚在底部出现为向好的穿头破脚，俗称阳包阴；在头部出现为向淡的穿头破脚，俗称阴包阳。穿头破脚转势可靠性远远高于乌云盖顶、曙光初现。穿头破脚第二根K线其实体部分必须完全包含前一根K线的实体部分，这是市场中运动最为激烈的一种K线组合，若它出现在一个涨势的后期，往往会带来崩盘；如它出现在跌势的尾声，则可能会出现井喷。

## 二、穿头破脚形态的止损策略

所谓穿头破脚，即阳烛（第一支烛）的开市价必须比阴烛（第二支烛）的开市价为高；而阴烛的收市价必须比阳烛的开市价为低（如图2-10）。第一支阳烛因收市价比开市价为高，使该时段视为升市。第二支阳烛，上升情况持续，因为它的开市价比前日的收市价为高。事实上，若进一步分析，将第一支的开市价及第二支的收市价拼凑一起，便形成射击之星形态，亦代表下跌形态。与其他形态一样，穿头破脚形态必须配合前市和即市的价格动向充分研究，才能确认市况向淡。

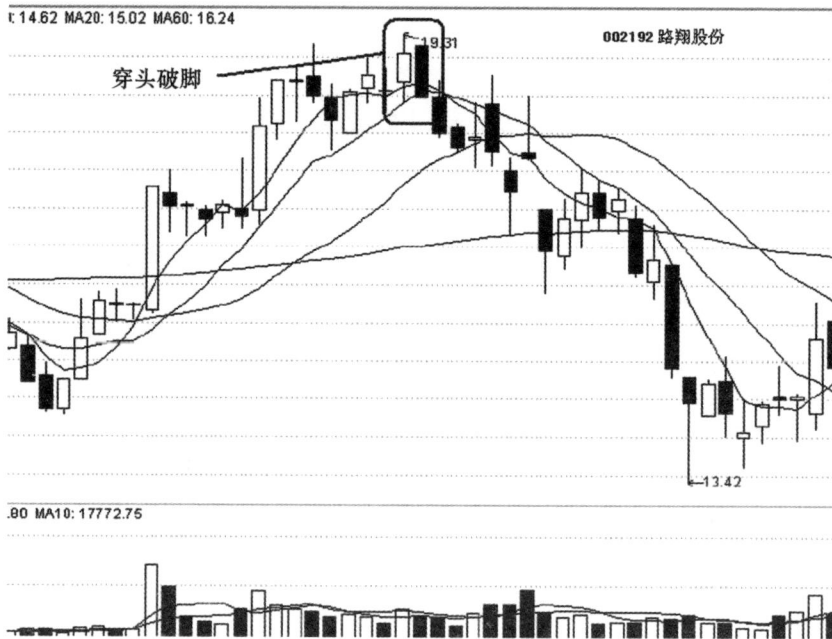

图 2-10　穿头破脚形态

　　股价在大幅上涨后出现穿头破脚，见顶的可能性很大，主要取决以下三个因素：一是升幅越大，获利盘越多，见顶的可能性就越大；二是穿头破脚的信号越强烈，见顶的概率越高；三是是否见顶，要看在它之后几根 K 线的运行情况，如果以后的几根 K 线在长阴线的收盘价下方运行，股价重心向下，则基本上可以判断是见顶了。

　　在低位出现阳包阴穿头破脚时，阳线对应的成交量应该明显放大，后市上攻的力度更强。特别是连续下跌后出现此类组合，投资者可以大胆抄底买入。在高位出现阴包阳的穿头破脚，说明抛压沉重，行情见顶，如果对应着天量，则验证天量天价，投资者应该果断逃顶，至少应该减仓操作。

　　如果只是一般意义上的满足以上条件的 K 线组合，则信号的含义并不强，所以可以通过强化一些条件或者补充一些条件来加强信号的内涵。如前一日开盘收盘至少有 4% 的差值，如果是向上穿头破脚的类型，那么前一日的开盘价要高于收盘价的 4 个点以上。

第二根阴线的收盘价越低，见顶回落的可能性越大。第二根阴线在开盘阶段大幅超越前期高点，然后回头下跌，股价见顶回落的可能性大增。第二根阴线开盘时的初段成交量越大，表示中了多头陷阱埋伏的投资者越多，转势的可能性也越大。

在实战运用过程中，这种组合必须在明显的上升或下跌趋势中出现，才有研判的意义。这种组合有时也会被主力当成震仓洗盘的工具，识别图形陷阱首先要看股价所处的位置，其次要看价量配合情况，最后看重心的变化情况。

### 三、穿头破脚的操作注意事项

穿头破脚两根 K 线的长度越悬殊，转势的力度就愈强。如果第二根 K 线长度远远超出第一根 K 线，则说明多空双方力量对比发生逆转，转势的可能性更大。第二根 K 线包容前面的 K 线愈多，转势机会就越大。所以，在实践当中，我们经常会看到一阳包数阴或一阴包数阳的 K 线组合，这种形态应该引起投资者足够的重视。

穿头破脚用于分析股市大盘的可靠程度要高于个股。因为个股容易被主力控盘，并非市场规律的真实反映。形成穿头破脚形态必须事先有明显的上升或者下跌趋势。伴随成交量的急剧放大，量比应在 3 倍以上，若能达到 8 ~ 10 倍，反转发生的可能几乎可以确定。穿头破脚的实体部分必须完全包含前一根 K 线的实体部分，而上下影线可以不考虑。穿头破脚 K 线包含的 K 线数目越多，说明反转越强烈。

# 身怀六甲止损策略

### 一、了解身怀六甲的形态

身怀六甲，又名"母子线""孕线"，它由一长一短两根 K 线组成。前一根 K 线的实体较长，可以是阴线，也可以是阳线。后一根 K 线的实体相对前一根 K 线来说要短一些，且后一根 K 线的最高价与最低价均在前一根 K 线的最高价与最低价之内，好像母腹中怀孕的胎儿一样，故名"身怀六甲"（如图2-11）。

图 2-11　身怀六甲形态

孕线的组合形态与抱线相反，第一根 K 线是长线型，第二条 K 线为短线，第二条 K 线的最高价和最低价均不能超过前一 K 线的最高价和最低价。孕线孕育着希望，趋势随时都可能会发生改变。

身怀六甲组合形态是一种比较常见的股价走势转向形态。通常情况下，它可以出现在股价运动长期下跌的底部，也可以出现在股价运动已经上升幅度巨大的顶部，不管它出现在哪一种趋势之中，都表示当前的股价走势很有可能出现逆转。

## 二、身怀六甲的止损策略

身怀六甲是 K 线形态中的转折组合的一种，类似字面义，可以理解为一根长 K 线把另一根短 K 线包含住了，多空变化上，以第一个交易日出现单边下跌或上涨，为多头或空头的单边市场，第二个交易日突然在第一个交易日的波动范围内开盘，收盘的上升或下跌幅度也比第一个交易日要小，此为多头或空头市场由趋势明确的单边市变得犹豫不决、在寻找新方向的态势。

原趋势如果是上升趋势末，高位身怀六甲是明显的见顶信号，出现身怀六甲后下跌的可能性较大；原趋势如果是下降趋势末，处在双底走势的右底低点处的身怀六甲是强烈的买入信号，出现身怀六甲后上升的可能性较大。具体还应结合指数或股价所处中长期位置、量能的变化、大盘的背景以及后市的实际运行方向进行操作。

实践经验表明，一旦盘面上出现这种组合形态，就预示着此时多方的上升动能已经出现了衰竭，股价上升的力度开始转弱，或者是上升的走势出现了短暂的停顿，此时股价很有见顶回落的可能。

投资者在运用身怀六甲来进行技术分析的时候，特别需要注意把握以下问题：一是它所出现的位置，如果它出现时股价的升跌幅度并不大，只是处于上升或者下跌的途中，那么它的实战分析意义就不大，很有可能是庄家的骗线。二是要注意身怀六甲组合形态出现时与之相对应的成交量的变化情形，如果释放巨量之后再出现成交量萎缩的情形，那么它的可靠性更高。

身怀六甲组合出现后，股价一旦收于第一根K线最高点之上，就有极大的可能性宣告形态反转已得到确认，之后股价往往会形成一定幅度的向上运动；一旦收于第一根K线最高点之下，就有极大的可能性宣告形态反转已经失败，之后股价往往会形成一定幅度的下跌。还有一些时候，在身怀六甲组合出现后，会再度出现反复，以横盘方式改变原有的趋势，而不是产生大幅的反向运动。在操作上，第一种情况出现后要及时加仓，一旦反转失败跌破第一根K线低点即行止损；第二种情况出现后如果已建底仓，应该在股价跌破第一根K线最高点时及时止损。

### 三、身怀六甲的操作注意事项

在实际运用身怀六甲的过程中，一定要注意左边的K线可以是阳线也可以是阴线，可以带有上下影线，但如果是光头光脚的中阳线或大阳线并伴随着成交量放出，可信度会更高。右边的 K 线实体必须与左侧 K 线实体颜色相反，但是绝对不可以超过左边阴阳线的 K 线实体。右边的 K 线也可以带有上下影线，影线越短越可信。

实战经验表明，身怀六甲组合形态是一种比较次要的转势信号，它的准确性有时候并不高，而且常常成为主力炒家欺骗一般投资者的画图工具。因此，投资者在运用它进行技术分析的时候，最好结合其他 K 线形态综合研判，这样准确性更高一些。身怀六甲 K 线形态如果是出现在极度低迷的弱市中时，往往更容易形成强烈的反转行情。

# 第三章

# 有舍才有得——均线快速止损策略

## 跌破关键平均线止损策略

### 一、了解平均线的重要作用

移动平均线是将某一段时间股指或股价的平均值画在坐标图上所连成的曲线，用它可以研判股价未来的运动趋势。均线理论是当今应用最普遍的技术指标之一，它帮助交易者确认现有趋势，判断将出现的趋势，发现过度延伸即将反转的趋势。

移动平均的期间长短关系其敏感度，期间越短敏感度越高，一般股价分析者，通常以 6 日、10 日移动平均线观察短期走势，以 10 日、20 日移动平均线观察中短期走势；以 30 日、72 日移动平均线观察中期走势；以 13 周、26 周移动平均线研判长期趋势（如图 3-1）。

股谚道："跌势不言底"，也就是说在下跌趋势中，股价能跌到多少、大盘指数会跌到多少点、能跌多长时间，或者说底在哪里，谁也不能准确地作出预测，而只能顺势而为。那么，怎样才能做到顺势而为呢？移动平均线无疑为我们提供了非常重要的参考指标。

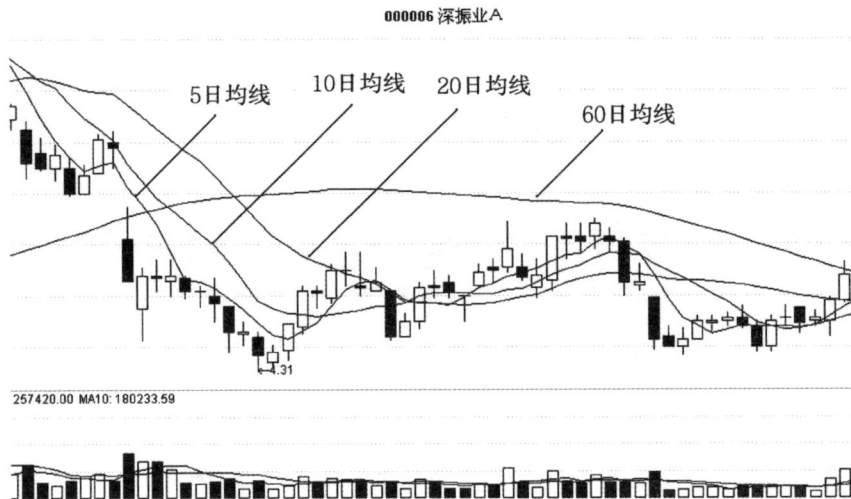

图 3-1　移动平均线

## 二、跌破关键平均线的止损策略

移动平均线呈大幅上升趋势，经过一段上升后，移动平均线开始走平，当股价由上而下跌破走平的移动平均线时便是卖出信号。为了验证一条移动平均线所显示信号的可靠性，可以多选用几条移动平均线，以便相互参照。在正常情况下，成交量相应减少，卖出的信号更明确。

平均线从上升逐渐走平，而股价从平均线的上方往下跌破平均线时，是卖出信号；股价呈上升突破平均线，但又立刻回到平均线之下，而且平均线仍在继续下跌时，是卖出时机；股价线在平均线之下，股价上升但未达平均线又告回落，是卖出时机；股价线在上升中，且走在平均线之上，突然暴涨，远离平均线，很可能再趋向平均线，为卖出时机。

先确定移动平均线正处于下降过程中，再确定股价自下而上突破移动平均线，股价突破移动平均线后马上回落，当跌回到移动平均线之下时便是卖出的信号。这一卖出信号应置于股价下跌后的反弹时考察，即股价下跌过程中回升至前一次下跌幅度的 1/3 左右时马上又呈下跌趋势、跌破移动平均线时应卖出。若在行情下跌过程中多次出现这种卖出信号，越早脱手越好，或作短线对冲。

　　10日移动平均线是多空双方力量强弱或强弱市场的分界线。当空方力量强于多方力量时，市场属于弱势，股价就在10日移动平均线之下运行，表明有更多的人愿意以低于最近10日平均成本的价格卖出股票，股价自然会下跌。股价向上突破10日均线时应有量的配合，否则可能仅仅是下跌中途的反弹，很快又会跌回10日移动平均线之下，此时就应止损出局，再行观望，特别是在10日均线下降走平再上行而后又归下行时，说明跌势尚未结束，更应止损。

　　在下跌趋势中，股价不断创出新低，高点不断下移，10日移动平均线在股价的上方以一定的速度向右下方下行，表明最近10个交易日买进股票的投资者都被套牢或者说最近10个交易日卖出股票的投资者都是正确的。而且，10日移动平均线还是股价反弹的强阻力之一，只要下跌趋势尚未结束，股价就较难站上10日移动平均线，即使偶尔站上，也会很快跌破10日均线继续下跌。

　　在上升趋势中，股价不断创出新高，高点不断上移，10日移动平均线在股价的下方以一定的速度向右上方运行，表明最近10个交易日买进股票的投资者都是正确的。而且，10日移动平均线还是股价的强支撑力之一，只要上升趋势尚未结束，股价就较难跌破10日移动平均线，即使偶尔跌破，也很快会回到其上面继续上升。

### 三、平均线操作的注意事项

　　移动平均线正在逐步下降，股价在移动平均线之下波动一段时间之后开始较明显地向移动平均线挺升，当靠近移动平均线时，股价马上回落下滑，此时就是卖出的信号。如果股价下跌至相当的程度后才出现这种信号，宜作参考，不能因此而贸然卖出。如果股价下跌幅度不太大时出现这种信号，就可看作卖出的时机已到来。这种情况应该区别对待。

　　10日均线适用于中短线结合的操作方式，因此经常与5日均线和30日均线配合使用。10日均线操作法用于趋势明确的单边上升和单边下跌行情时，非常有效和可靠,而用于盘局效果差些。10 日均线特别适用于追踪强势个股的波段操作和对大盘趋势的分析。但是,在上升行情中,对于走势弱于大盘而没有庄家照顾的有些个股,时而跌破 10 日均线、时而站上 10 日均线形成震荡走高的态势,较难以运用 10 日均线把握股价动态。

# 平均线拐头止损策略

### 一、认识平均线拐头的现象

移动平均线拐头是指短期移动平均线上穿长期移动平均线后却拐头向下的现象。5 日均线夹缝勾头就是指在下跌过程中,5 日均线向上穿过 10 日均线,进入 10 日均线和 30 日均线之间,没有触及 30 日均线时拐头向下。

### 二、平均线拐头止损技巧

股价运行在 5 日、10 日移动平均线之上就是健康的,最低限度也一定要运行在 20 日移动平均线之上。股价跌破 10 日均线时,你就需要警惕了(如图 3-2);如果股价跌破 10 日均线,或 10 日均线走平甚至是拐头向下(有时均线死叉)则是(短线波段或有可能是中线)行情变坏的标志,建议短线出局。

股价位于移动平均线之上运行,连续数日大涨,离移动平均线愈来愈远,说明近期内购买股票者获利丰厚,随时都会产生获利回吐的卖压,应暂时卖出持股。移动平均线从上升逐渐走平,而股价从移动平均线上方向下跌破移动平均线时,说明卖压渐重,应卖出所持股票。股价位于移动平均线下方运行,反弹时未突破移动平均线,且移动平均线跌势减缓,趋于水平后又出现下跌趋势,此时为卖出时机。股价反弹后在移动平均线上方徘徊,而移动平均线却继续下跌,宜卖出所持股票。

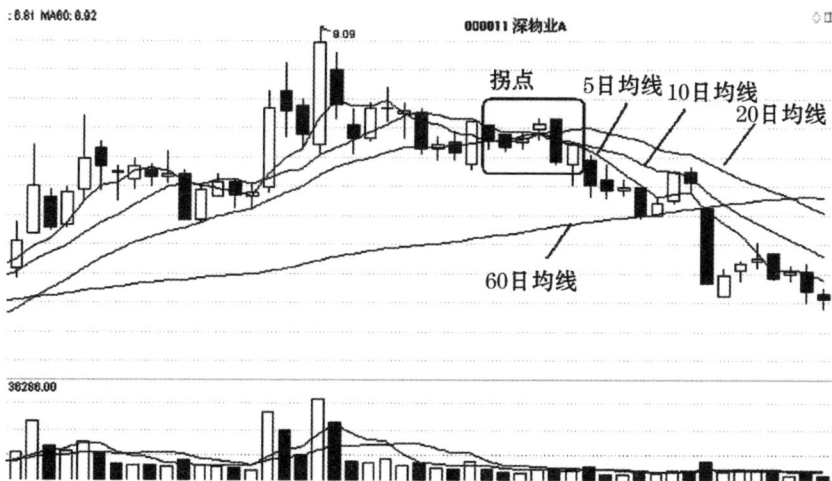

图 3-2　平均线拐头

当股价运行到高位，出现 5 日均线勾头形态，要大胆卖出，非常有效。如果 3 日内股价不能收在 10 日均线之上你就要十分小心了。是否是准确的卖出信号，要同时结合其他条件来分析。

### 三、平均线拐头的操作注意事项

5 日移动平均线是股价短线运行的保护线，跌破它则是短线操作的警戒信号。10 日移动平均线是短线波段的生命线，跌破它，"生命"将不保。20 日移动平均线是股价中线运行的保护线，跌破它则是中线操作的警戒信号。30 日移动平均线是中线波段的生命线，跌破它，"生命"将不保。跌破 60 日移动平均线的保命线，那就是重大亏损。如果再跌破 120 日移动平线（也就是半年线），那将是巨额亏损。

# 平均线死叉止损策略

## 一、了解平均线的死亡交叉

死亡交叉是指下降中的短期移动平均线由上而下穿过下降的长期移动平均线，这个时候支撑线被向下突破，表示股价将继续下落，行情看跌。比如 5 日均线下穿 10 日均线形成的交叉，10 日均线下穿 30 日均线形成的交叉，30 日均线下穿 60 日均线形成的交叉，60 日均线下穿 120 日均线形成的交叉，均为死亡交叉（如图 3-3）。

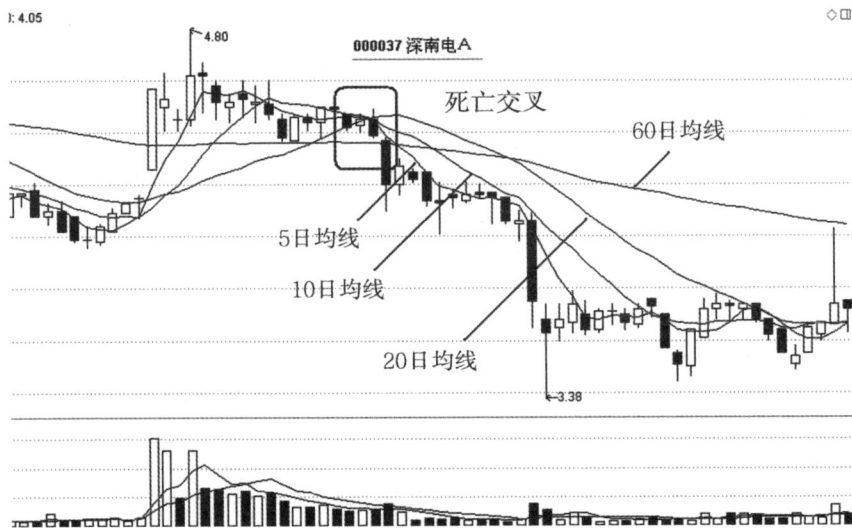

图 3-3　平均线死亡交叉

死亡交叉出现在下跌初期，由两根移动平均线组成，一根时间短的均线由上向下穿过时间长的均线，且时间长的均线在向下移动，这是见顶信号，后市看跌。股价大幅上涨后，出现该信号可积极做空，中长线投资者可在周 K 线出现该信号时卖出。

## 二、平均线死亡交叉的止损技巧

死亡交叉预示空头市场来临，股市将下跌，此时是出场的最佳时机。

死亡交叉是空头强势的表现，预示后市股价将下跌。而且，越是中长期均线发生死叉，股价下跌的指示性越强。尤其是在经过长期上涨后更是如此。

当大盘或个股 10 日均线与 30 日均线形成死叉，这个时候卖出，要比 5 日均线与 10 日均线形成死叉时卖出，做空的把握更大一些。通常，无论是大盘还是个股，当 10 日均线和 30 日均线出现死叉后，都是一个空头市场的开始。这时，投资者如能在 10 日均线和 30 日均线出现死叉以后的第二天把股票卖出，绝大多数情况下能在更低价位把抛掉的股票再买回来。这样做的好处是：可以降低持股成本，减少投资风险。

从技术上说，均线死叉是个卖出信号。但需要注意的是，并不是所有均线死叉卖出信号都是一样的。这里信号有强弱之分，可靠程度也有高低之别。一般来说，时间长的两根均线出现死叉要比时间短的两根均线出现死叉卖出的信号来得强，反映的做空信号也相对比较可靠。

从经验看，10 日均线和 30 日均线形成死叉，继续下跌的概率在 70% 以上，而且一旦跌势形成，深跌的可能性很大。因此，投资者如在 10 日均线和 30 日均线出现死叉后能及时止损离场，就可以避免日后股价大幅下挫带来的巨大风险。

反过来说，万一 10 日均线和 30 日均线形成死叉后，股价不跌反涨（这种现象很少出现）等均线形态变好了再买也不迟，最多倒贴些手续费和几个价位而已。这种花小钱避开大风险的做法还是值得的，因为，对投资者来说，要在风险市场上长期生存和发展下去，始终应该把防范风险放在首位。

无论是黄金交叉还是死亡交叉，都是一个买卖的进出信号。在个股走势的分析中，可以把握进出的时机，在指数走势的分析中，又可以判断牛熊的态势。这两种均线交叉，在长期应用中准确率比较高。

## 三、平均线死亡交叉的操作注意事项

需要注意的是，投资者仅仅依据黄金交叉或死亡交叉来买进或卖出股票是有片面性的。因为移动平均线只是一种基本趋势线，在反映股价的突变时具有滞后性，因而，黄金交叉或死亡交叉只能作为一种参考。

# 平均线黏合后向下发散止损策略

## 一、了解平均线黏合向下发散的形态

均线黏合向下发散是指短期、中期、长期均线，以瀑布状向下发散；几根均线发散前曾黏合在一起，这是卖出信号，后市看跌。无论是激进型还是稳健型投资者，见此信号应及时止损离场。黏合时间越长，向下发散的力度就越大；向下发散时，如成交量同步放大，则后市更加不妙（如图3-4）。

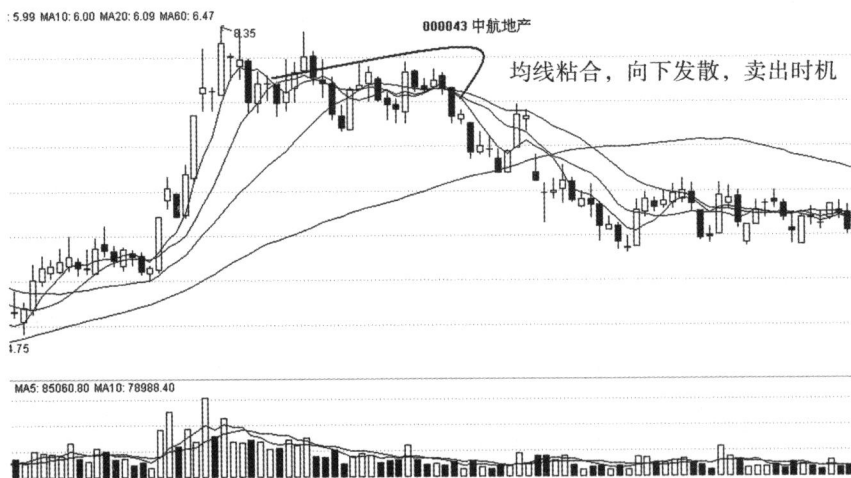

图 3-4 平均线黏合向下发散

当几根均线黏合突然出现发散形走势时，投资者必须留个心眼。这是因为短、中或长期均线黏合时间越长，往往说明积聚做空能量越大，所以对大盘或个股处于横盘时导致的均线黏合都要引起高度警惕。向下发散，特别是放量下跌，往往预示着后市下跌空间较大。

### 二、平均线黏合向下发散的止损策略

股价运行的趋势有上升趋势、下跌趋势和横向趋势三种，其中上升趋势和下跌趋势由于方向明确，移动平均线呈现多头或空头排列较易判断，而横向趋势由于移动平均线多呈黏合状互相缠绕，则较难判断它以后的突破方向。应对横向趋势的最佳办法是在股价突破而趋势明确后再采取行动，从移动平均线的角度来说就是当其由黏合缠绕状发散上行或下行时再买入或卖出。

从技术上说，均线黏合后向下发散，具有较强助跌作用，为卖出信号。当一个股票几根均线黏合后突然出现发散走势，向上发散，预示该股后市的涨升潜力较大；向下发散，预示该股后市的下跌空间较大。

变化图形中的首次交叉向下发散形、死亡谷与基本图形中的首次黏合向下发散形作用类似，故它后面的向下发散形可看成再次黏合向下发散形。当一轮下跌行情初起时，短期、中期、长期均线在空方力量的打击下开始向下发散，但下跌时遭到多方的反击，这时原来已向下发散的几根均线又被重新黏合在一起，但多方的反击相当脆弱，在空方再一次打击下土崩瓦解，均线系统再一次向下发散。

在跌势中会出现再次黏合向下发散，出现几根均线在这次向下发散前曾有过一次向下发散（可以是黏合向下发散，也可以是交叉向下发散），但不久向下发散的均线又重新黏合在一起；短期、中期、长期均线再次以瀑布状向下发散，这是卖出信号，继续看跌。股价在大幅下跌后，均线出现再次黏合向下发散，只可适度做空，以防空头陷阱。再次黏合向下发散所指的"再次"，一般是第二次，少数是第三次、第四次，它们的特征和技术含义是一样的。

均线首次黏合向下发散形有可能出现在大三线之上，当时股价大形态有可能属于大级别上升趋势，大三线对均线首次黏合向下发散有支撑作用，股价容易出现止跌走势。而均线再次黏合向下发散形多数出现在大三线空头排列压制下，属于股价大级别下跌趋势，如此时小三线出现再次黏合向下发散，就会形成所谓的六线顺下行情。均线再次黏合向下发散形与均线首次黏合向下发散形发出的看跌做空信号相比较，均线再次黏合向下发散形发出的做空信号更加可靠，均线再次黏合向下发散形出现的时间比均线首次黏合向下发散形出现的时

间晚，同时位置比均线首次黏合向下发散形低。表示均线再次黏合向下发散形发出的做空信号是对均线首次黏合向下发散形做空信号的确认，更加大了趋势已经转换为大级别下降趋势的可能性，因此，均线再次黏合向下发散形发出的做空卖出信号，后市惯性下跌的概率更大。

从操作上说，均线系统再次黏合向下发散仍是一个做空信号，投资者见此图形应赶快出逃。当均线系统首次向下发散时，就应该及时出局。据资料统计，均线系统首次向下发散下跌的概率超过80%，第二次向下发散下跌的概率仍会达到70%以上。如果大盘或个股走到这一步，无论激进型投资者还是稳健型投资者，都应以止损离场为好，以免越套越深。

### 三、平均线黏合向下发散的操作注意事项

无论是在向上发散时买进，还是在向下发散时卖出，动作都要快，否则风险或损失就会越来越大。此外，在设置均线参数时，尽量要与市场大众的认可度保持一致。目前，5日、10日、30日均线是市场公认的标准值，主力机构操作时也会以大众化的参数为标准，投资者操作时应顺势而为。

# 均线背离止损策略

### 一、认识均线背离现象

均线背离现象在实际炒做中经常能够遇到，它对于把握短线机会很有帮助，股价在一般情况下都是沿着均线的方向波动，而均线的周期长短是十分关键的因素，周期短的均线的敏感度高，但是准确性相对较低；而周期长的均线敏感度低，但稳定性和准确度相对较高。周期越长的均线越重要，所代表的趋势方向更准确。

所谓均线背离是指两种情况：

1.当股价下跌见底后，从底部上涨时，此时中长期均线的运行方向一般都是向下的，当股价突破一条均线以后，股价的运行方向与所突破的均线的方向是"交叉"并相反的，这就是均线背离。

2.当股价上涨见顶快速下跌时，中长期均线的运行方向仍然向上，当股价快速击穿一条中长期均线后，此时股价的方向向下，而被击穿的均线的方向却是向上的，股价与被击穿的均线的方向也是"交叉"并相反的，这也是均线背离的现象（如图3-5）。

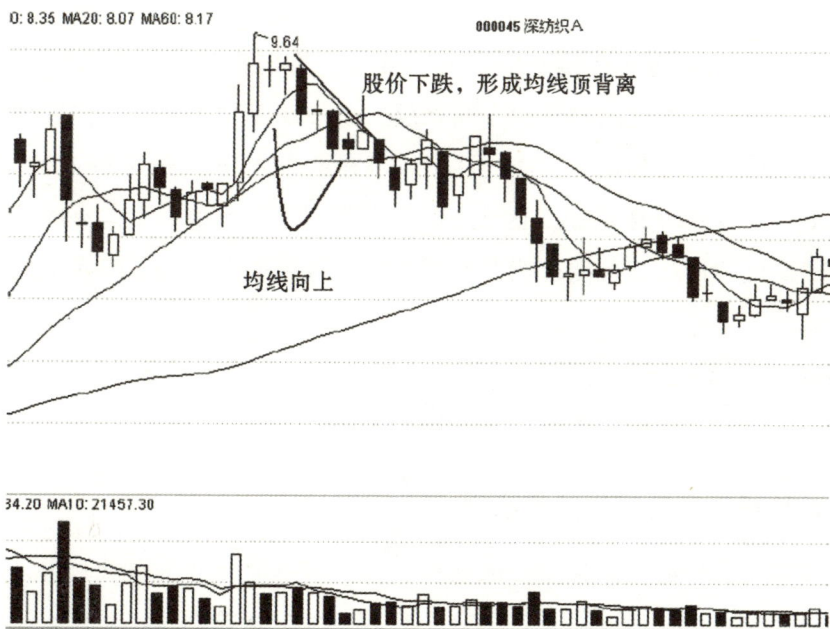

图 3-5　均线顶背离

## 二、均线背离的止损技巧

均线背离现象一般发生在暴涨或者暴跌时，它对于判断底部和顶部很有帮助。股价对均线有拉动的作用力，而同时均线对股价也有吸引的作用力，股价与均线的方向发生交叉背离，这是一种不正常的市场状态，是短期行为，由于均线的吸引力，将导致这一现象得到修正。同时由于均线在很大程度上代表了趋势的方向，而一个趋势的形成是多方面因素作用的结果，因此趋势会对出现偏差的股价进行修正，从而出现反弹或者回调，这一方法对于判断短期的底部和顶部很有效。

在正常情况下，顶背离之后股价总是会迅速向下突破均线。而庄家故意打压形成"顶背离"，股价却总是不跌破某一均线，并且每次回调至这根均线就止跌。所以，这根均线就是支撑位。因此，在具体操作上，投资者不要被主力故意做出的"强烈卖出信号"所吓倒，而是应把注意力放到均线方面，注意观察均线对股价的支撑位。一般来说，主力洗盘的常见位置是 30 日均线，极限位置是 60 日均线。

股价的 K 线与均线必须发生交叉，并且在方向上相反，如果股价与均线没有发生交叉时，即使此时两者方向相反，也不属于均线背离。在均线背离发生后，判断短期的底和顶时，应当注意：股价必须出现剧烈震荡的情况下才可靠。如果在均线发生背离后，股价并没有出现剧烈的震荡，而是出现强势盘整或者下跌抵抗的情况，可能市场并不理会均线背离，原有的上涨或下跌状态仍将持续。

均线背离技术只适用于一般状态下的市场，当市场进入"极强"或"极弱"状态时，应当运用"均线扭转"理论来判断大势。

### 三、均线背离的操作注意事项

均线背离现象有一个很重要的特点，就是具有时效性。也就是讲，每一种均线背离现象发生以后，只是在一定的时间背景下对股价的波动状态产生直接影响。而超过了这个时效期，影响效果就会降低，甚至消失。不同周期（比如分钟、日、周、月等）背景下产生的均线背离现象，其时效期会不同；不同性质的技术数据之间相互产生的均线背离现象的时效期也不同。

# 平均线出现死三角止损策略

## 一、了解平均线形成的三角形

平均线形成的三角形是指短期均线下穿中期、长期均线，中期均线下穿长期均线，从而形成了一个尖头朝下的不规则三角形。

"死亡谷"是日 K 线图的三条均线交叉组成一个不包围 K 线的三角形。一般来说是短天数的均线向下突破较长天数的 K 线，较长天数的 K 线再向下突破更长天数的 K 线。一般组合：5、10、20；10、20、30；20、30、60……均线天数越长，其组合的"死亡谷"意味着调整的天数越长，幅度越大（如图 3-6）。

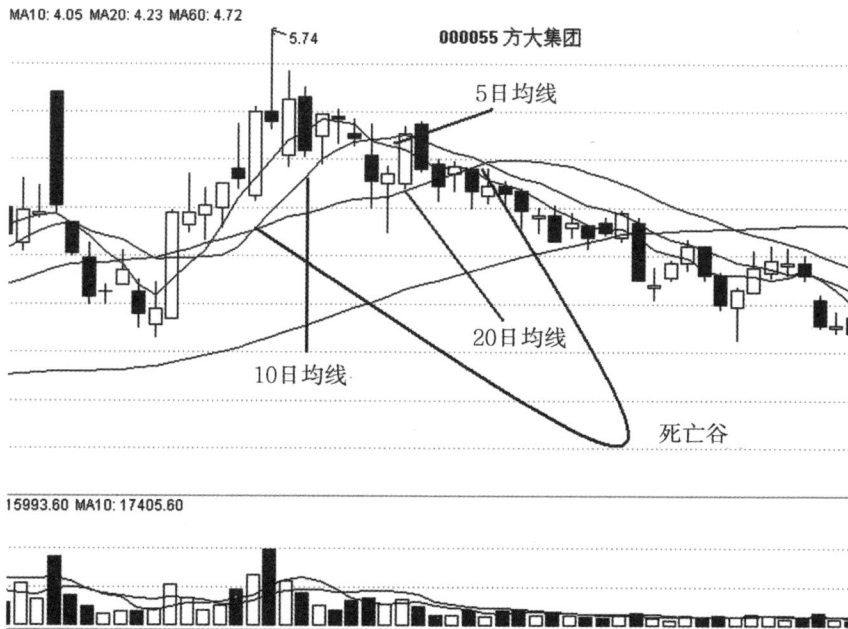

图 3-6　均线死亡谷

当均线系统上升趋势发生逆转时，就会形成死亡谷。死亡谷的出现表明空方已积聚了相当大的杀跌能量，这是一个典型的卖出信号。据资料统计，在股价前期涨幅较大的情况下出现死亡谷，日后股价下跌和上涨的比例为8∶2，而且一旦下跌，跌幅就很大，所以投资者看见死亡谷应尽快出逃为妙。逃之不及者，常会遍体鳞伤，惨不忍睹。

### 二、平均线出现死三角的止损策略

股价大幅上涨后，5日均线向下穿过20日、30日均线，开成一个尖头向下的不规则三角形，后市看跌，尤其是20日均线也开始走空，一定要及时止损离场，避免一次中期的调整。死亡谷的威力可不能小看，尤其是20日均线走空压住了股价，中期调整或将就此开始。

技术上，死亡谷的出现意味着指数即将大幅下挫。不跌20%以上，尽量不要考虑抄底。遇到"死亡谷"的机会一般不多，因为它更多地出现在凌厉上涨行情之后的凌厉下跌走势。

均线死亡谷是见顶信号，后市看跌。见此信号，应积极做空。尤其在股价大幅上扬出现该图形，更要及时止损离场。而且死亡谷的卖出信号要强于死亡交叉。

### 三、平均线出现死三角的操作注意事项

股市是一个高风险的场所，投资者要想在股市中长久生存下去，首先要学会如何规避风险，在股市中很多风险是可以防范的，例如，均线出现死亡谷，就是一个危险信号，尤其是20日均线开始向下，一定要及时止损离场，避免一次中期的调整。如果你对死亡谷的特征有所了解，你就能在它出现时立刻采取措施及时止损离场，从而避免造成很大损失。

# 第四章

# 留得青山在——成交量快速止损策略

## 天量天价止损策略

### 一、认识天量天价的形态

当一支股票成交量放大到平时的 10 倍以上的"天量"时，股票即出现天价、或阶段性的"天价"。大盘或个股在人气高涨时形成最大的成交量，有了天价才产生天量。股价在逐波上涨中产生天量是见顶信号（如图 4-1）。

天量天价是指个股（或大盘）在成交量巨大的情况下，其股价（或大盘）也创出了新高的现象，这是量增价涨的极端形式。所谓"天量"，是指股票（或大盘）创下了一直上涨以来的最大成交量；所谓"天价"，是指股票（或大盘）创造了一直上涨以来的最高价位。它常出现在长期上涨的末期，也是股市里的一种特殊现象。

所谓"天量天价，地量地价"是说从成交量的大小可以看出股价所处位置的高低。成交放出巨量时股价往往处在相对高位，而成交极度萎缩时说明股价已跌至相对低位，这对短线操作者寻找买点和卖点特别有效。假如某一股票在一段时间内成交量逐步萎缩，当量无法进一步萎缩时往往意味着股价将止跌，一般来说热门股成交量处在一个月来的最低水平时阶段性低点将有可能出现，反之亦然。

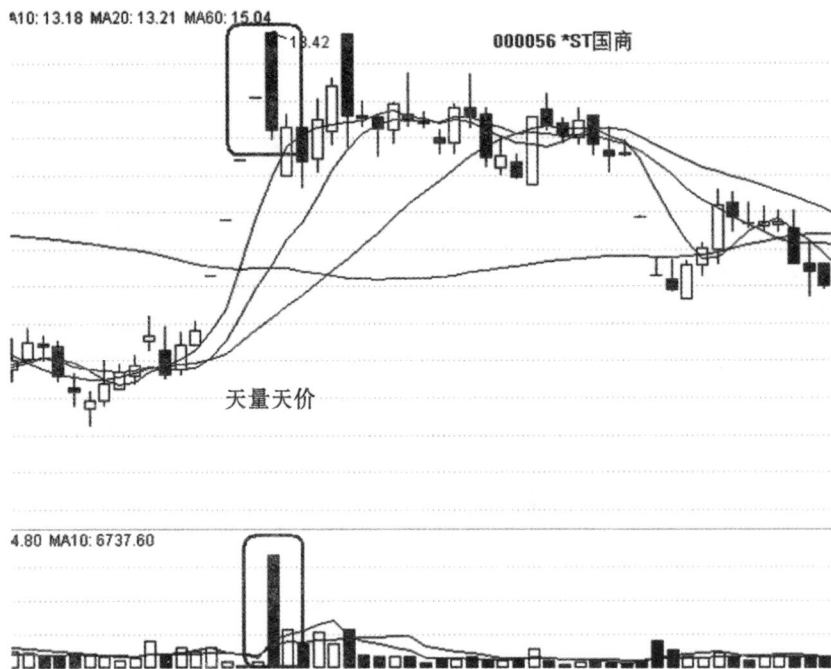

图 4-1　天量天价

　　股价经过连续大幅拉升后往往会做最后一冲以完成最后的派发出货任务，最终以巨额的成交量结束上升格局，天量见天价因此就成为很多股票常见的顶部。

## 二、天量天价的止损技巧

　　所谓天量见天价，其实有两种可能：一种是主力目标长远，当由于短期资金筹集不足无法撑住盘面，所以只能被动减仓等待以后更好的机会，或者是主力刻意打压以达到清洗跟风盘的目的。第二种，由于主力有着非常深的社会背景，所以他们往往可以先于大多数人了解市场。而当系统性风险很大时，为了不被套，必须提前于大盘下跌前完成出货。但出货必须有短暂的拉升来配合。主力也随着拉升，边拉边出。而当出货的最后阶段，主力也没有必要再掩饰，完全暴露出其真正目的，这时天量见天价也就出现了！

　　在上升途中突然放出天量，并伴随着长红 K 线，表明庄家可能要进行整理，或者临阵脱逃。如果在股价已经大幅度上升之后，再次放出天量，第二天又没有跳空高开，则表明庄家此时已经身心疲累，随时准备出货了。

　　天量天价形态描述的是大多数个股运行的一种状态，很多股票做最后一冲时往往会以天量天价形态见顶，后市最常见的就是股票进入漫长的箱体整理之中，股价后市是否还有行情还要看大盘的情况，如果大盘稳定，后市接盘主力还有可能往上冲一冲，但此时的上冲多以派发出货为目的，投资者遇见此形态要谨慎处理，先行减仓保住所得利润是恰当之举。

　　如果股价处于高价位区间，由于主力对敲的行为，或者市场极度疯狂的行为，往往都会造成在创出历史性的巨大成交量时，股价也创出历史性的新高现象。但这往往是盛极而衰的前兆，当所有看涨的人都买入后，市场即失去了继续爬高的力量。

　　经过一段时间的大幅度拉升之后，只要突然间放出近期以来的天量，或者历史性的天量，不管是阳线上升还是阴线下跌，都应当抢先减仓，或者清仓离场观望。处于高位天价时，即使股价仍然处于上涨行情，也应当赶紧出货。千万不可盲目追高。在高位区，如果先是成交量急剧放大，然后再次跳空创出天价，即典型的"先见天量再见天价"。此时应当坚决平仓。因为这种走势是庄家骗人的伎俩，目的在于在高位从容出货。

　　高位出现天量或天量之后，是卖出信号。天量之后出天价，也是股市的一条规律。高位出现天量，是主力庄家大量派发筹码所致，说明股价下跌就在眼前，如果不及时清仓离场，前一段时间的胜利果实就会落入庄家的口袋。

　　有时候，当股票创出历史性的天量时，股价也在继续攀高，交易者可能会以为"天量天价"出现了，应该赶紧回避。但事实上，此时的天量天价可能只是阶段性的一个小高潮。这里的巨量出现，往往是多、空双方意见分歧巨大的表现，但也有可能是主力有备而来、志在高远的表现。如果抛出的都是散户而买入的却是主力，那么即使出现所谓的天量天价，股价依然会继续上涨，直至之后出现真正的天量天价。

　　出现天量时，股价的位置必须处于相对高位。成交量必须是近段时间内最大的成交量。通常为先见天量后见天价，即出现天量之后的一二日才会出现天价。这其实是在告诉股民：股价不久就要下跌，快点清仓离场吧。有时候也会发生天量和天价同时出现的情况，此时更应该及时离场。

### 三、天量天价的操作注意事项

天量代表着某只股票或整个市场当天巨大的交易量，通常与突破相关联，通常说的天量上涨或天量下跌，都是表示股票价格或指数与前段时间走势拉开，预示着进入快速上升（下降）通道以及形态反转的可能性。有时在一轮牛市中，当价格上涨时，交易量也在增长，所以想要真正做好抄底与逃顶，不仅要看价量关系，还应结合技术指标来看，只有这样才能真正把握好战机。

天量法则主要是以关注突然爆"天量"的股票为切入点。投资者往往认为当一只个股放出天量时，股价基本见顶，有反转的危险。同时，交易者需要注意，量价配合过程具有一定的滞后性，天量出现之后不一定马上就会出现天价，也不一定必然会出现天价。所以，交易者不要抱着不见天量天价就不出货的想法。

# 高位价涨量缩止损策略

### 一、了解高位价涨量缩的现象

所谓价涨量缩，是指个股在成交量缩小的情况下，股价却出现了上涨；或者是大盘在指数上涨时，成交量却出现了萎缩。对于个股而言，在不同情况下出现缩量上涨，其代表的市场意义不同；对于大盘来讲，如果出现缩量上涨的走势，那么一般标志着指数的上涨空间有限（如图4-2）。

成交量是股价上涨的原动力，其动力来源于主力庄家推高股价动力和市场普遍看好的跟风盘动力。原动力不足意味着该股正失去一种动力或者是两方面动力的削弱，股价将不可避免地出现回落或者反转。

　　"价涨量缩"，此为量价背离走势的典型之一。在正常情况下，代表股价上涨过程中，多头往上推升的力道不足，可以视为反弹走势或是涨势末端，股价可能出现反转下跌。

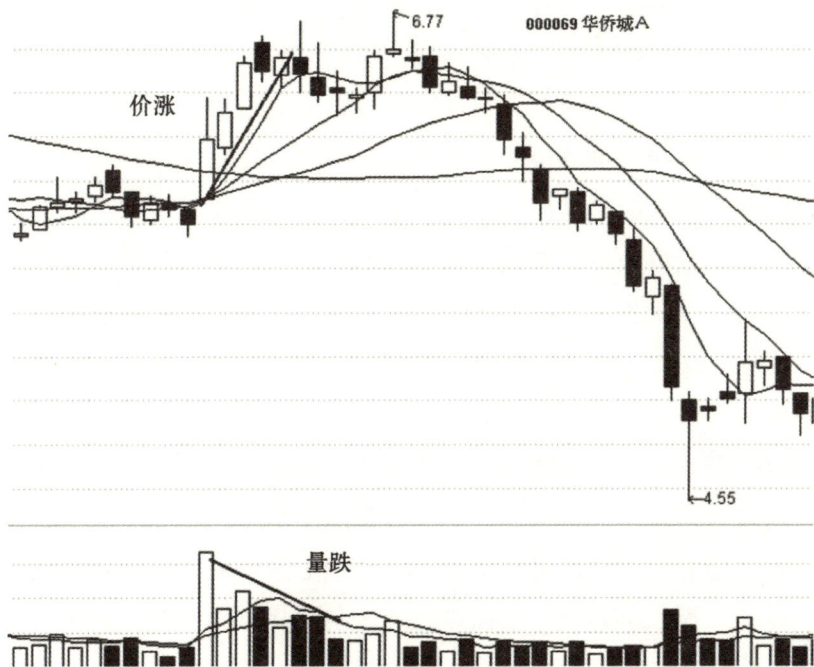

图 4-2　价涨量缩

## 二、高位价涨量缩的止损技巧

　　在持续的上升行情中，适度的价涨量缩表明主力控盘程度较高，大量流通筹码被主力锁定。但毕竟价涨量缩所显示的是一种量价背离的趋势，在股价上涨的中途，如果出现价涨量缩的现象，只要成交量没有出现极度萎缩，一般标志着庄家把筹码锁得很死。值得注意的是，此时股价一定不能经过大幅度的上涨，否则很有可能是庄家在股价上涨的过程中逐步地派发筹码。因此，在随后的上升过程中如果出现成交量再次放大的情况，可能意味着主力在高位出货。在高位区域一旦出现价涨量缩，之后紧跟着出现放量现象，投资者就要格外注意，此时时刻需要防范股价下跌带来的风险。

当股价进入高位并开始回调，理论中的"多头格局"应该呈现价跌量缩的走势，若该条件成立，并出现短期初步止跌现象后，整理过程中的反弹应该呈现量增价涨的多头形态。如果反弹过程中却是价涨量缩，那么投资人必须提高警觉，当股价无法再创新高时，观察的重点转变为未来是否产生头部。

在持续的下跌行情中有时也会出现价涨量缩的反弹走势。股价经过一波下跌行情之后，在反弹过程中如果出现了价涨量缩的现象，那么就预示着股价反弹的高度有限，说明股价的反弹没有得到市场的认可，反弹行情难以持续。当股价经过短期内的大幅下跌后，由于跌幅过猛，主力没能全部出货，他们会用少量资金再次将股价拉高，造成价涨量缩的假象，利用这种反弹走势达到出货的目的。总之，对于价涨量缩的行情，投资者应区别对待，一般应以持股或持币观望为主。

在多头末升段，涨势已弱，股价将进行回调或是反转而下。当股价突破前波相对高点，但是量能无法跟进时，为技术面背离的现象，暗示涨势转弱，将构成潜在的反转信号。一般散户操作时经常于上涨过程中因为恐惧，将持股太早卖出，在涨幅相当大之后又因为贪念，死抱股票不放，主力往往利用这些心理，在低位让人误以为还会杀盘而进行洗盘的动作，在高位则让人希望还有更高点，进行拉高出货，所以此处必然会出现"高位诱多盘"走势。

### 三、高位价涨量缩的操作注意事项

股票市场中往往出现非正常的走势。例如，投机股因为作手已经将筹码锁定，积极介入拉抬时也会出现无量上涨的走势。除此之外，也意味着多、空双方意见没有什么分歧而看涨，假设价涨量缩现象是因为涨停板锁死，导致成交量萎缩，宜视为持股者惜售，股价将会出现轧空走势，此时就不能以正常方法分析，必须采用"逆向思考"，当出现量增时就不是"补量盘"了。

除了特殊的上涨走势，出现价涨量缩都应该提防股价产生反转的信号，为了破除反转的疑虑，多头应该在价涨量缩之后做出"补量盘"，亦即成交量增加并使股价同步上涨，此时多头危机便可以解除，接着只要以量增价涨的原则做分析即可。

# 高位价跌量增止损策略

## 一、认识高位价跌量增的形态

高位价跌量增是一种典型的短线价量背离的现象。表现为价格下跌，成交量反而上升，说明价格的下跌得到部分买家的认可大批购买。但也可能是庄家、主力在疯狂出逃，所以要看成交量、消息面、大市行情。高位价跌量增实质上是买卖双方分歧较大的反映（如图 4-3）。

此种现象最常于高位满足目标价位后的初跌段中出现，暗示主力进行压低出货的行为，由于呈现的走势卖压相当沉重，未来下跌趋势将会持续进行。

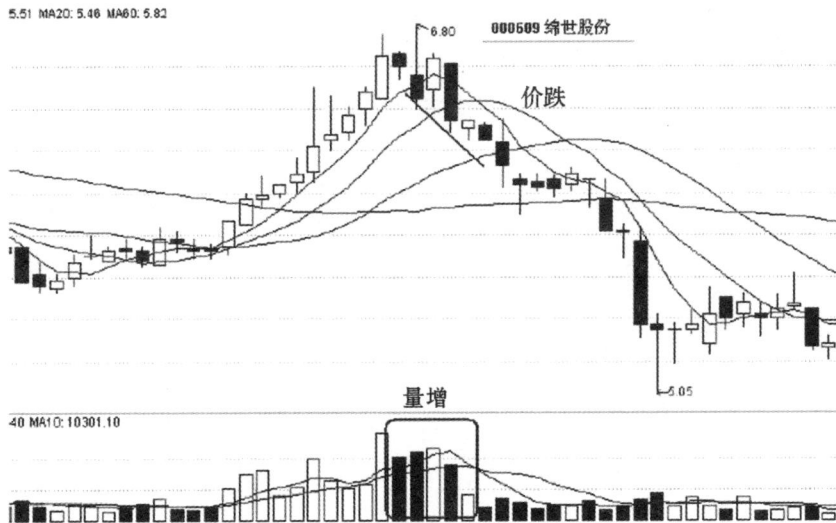

图 4-3 高位价跌量增

高位价跌量增的价量背离说明投资者看淡后市，纷纷抛售，有时甚至是恐慌性的抛售，虽有解盘但还不足以阻止股价下跌，这是大市反转、熊市来临的征兆。此时宜逢高派发，清仓出局。

### 二、高位价跌量增的止损技巧

量增价跌现象大部分出现在下跌行情的初期，在大家都疯狂出逃时，也会有人认为是建仓的好时机。例如股票的价格持续下跌，说明空头占上风；如果价格止跌企稳，说明多头在入市，这一特点在大势反转熊市来临时表现尤为明显。

股价或股指已经涨升一波，刚开始高位滑落时，成交量突然大增，此时不论当天是否有着很长的上影线，均可视为主力机构大量出货所致，次日不管行情是否再度穿越高位涨升，均宜趁机先行卖出了结。而次日开盘后，股价即一路下滑时，也不可等待反弹而持股。因为在这种情况下，通常股价会越来越低，终致亏损累累。

当价跌量增处于某一整理形态位时，往往是行情突然出现某种重大的利空消息或其他不利因素的原因，中小投资者与控盘主力上演了一场多杀多的悲剧，纷纷夺路而逃，从而导致股价在巨大的抛压之下放量走低。

如果当时股价处于阶段性的顶部，量增价跌则说明主力开始出货了，空方加大了抛售的力度。但由于前期个股展示了充分的财富效应，导致后期很多交易者仍然积极介入，所以此时的成交量往往比较大。当主力机构开始抛售后，股价必然会出现阶段性的跌势，甚至开始反转走熊。所以，交易者见此状况应赶紧平仓了结。

当价跌量增处于相对高位时，一般行情已发展到了尾声，控盘的主力在人气高涨的掩护下拉高出货，从而引发了一系列的抛售风潮。面对突发性事态，投资者应当机立断，迅速卖出自己手中所持有的筹码，减少风险。股价处于高位区时，放量下跌，表明庄家在获利出货，预示着后市将会继续下跌，此时散户应当抢先清仓。

涨势阶段创新高，但是价跌量增，说明持股者获利了结的卖压增加，市场买盘转弱最高意愿不足，表示股价会进入调整。可能出现回档整理，应该卖出获利了结。回档调整时，如果浮筹消化顺利，后面继续看涨。应该以能否创新高，超过今天最高点为标准，超过可以继续持股或买入。如果隔天盘中浮筹消化不顺利，没有创新高，应该卖出观望。

### 三、高位价跌量增的操作注意事项

量增价跌是一种典型的短线价量背离的现象，一般是由于多种因素所造成，其中当然也有可能是控盘主力故意制造的骗局。在研判价跌量增现象时，必须先研究这种现象所处的形态和具体方位才可决定。总体而言，价跌量增现象，表明市场上的投资者已经看空后市行情，纷纷加入抛售的行列中去，短线应回避将要出现的更大风险。

当大股东申报转让持股，或是主力将现股转换成融资时，就不能以压低出货看待，分辨的主要方法是观察股价的相对位置。

# 高位放量滞涨止损策略

### 一、了解高位放量滞涨的现象

高位放量，通常指的是股票价格在经过一段时间比较大的涨幅后、处在相对高价位区时，成交量仍在增加，而股价却没能继续上扬，呈现出高位量增价平的现象。这种股价高位放量滞涨的走势，表明市场主力在维持股价不变的情况下，可能在悄悄地出货（如图4-4）。

高位放量滞涨就是股价经过长期炒作后已经处于相当的高度（或许已经翻了几倍），然后在一段较短时期内出现成交量不断放大而价格却停滞不前的情况（当然也可能创出了历史新高，但涨幅较小）。此时庄家出货概率较大，投资者应当重视。

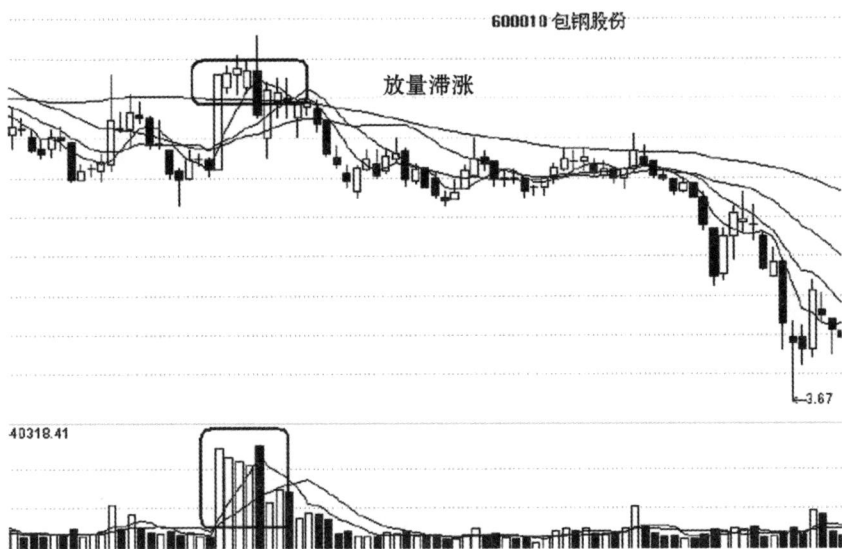

图 4-4　高位放量滞涨

## 二、高位放量滞涨的止损技巧

　　股价运行到市场高位区域出现放量滞涨，说明股价的上涨动力正在逐步衰退。成交量的放大只是卖方即庄家控盘出货导致的，并不是买方主导市场产生的成交量。这种情况较多地出现在大幅除权后，因为股价突然变得较低，许多不明真相的投资者一看如此好股才这么点钱，就忍不住想买点，这就是高位变得模糊不清而容易蒙蔽人的地方。

　　股价经过大幅度的拉升之后，庄家就会逐步地撤退，导致在高位区域出现这种量增价却不涨的现象。既然高位放量滞涨是庄家出货导致的，那么经过一段时间的放量滞涨之后，随着庄家出货接近尾声，股价必将进入下跌行情。一旦股价后市掉头向下，特别是出现低开长阴的走势之后，就标志着下跌行情开始了。

　　在高位出货时，庄家会在成交量上下大工夫，一方面让股价不出现大的波动，另一方面又要不断地往外抛售筹码。散户看到股价没有下跌，成交量也出现了放量，就会觉得股价还会继续上涨，因为按照一般的观点，"有量"肯定就会"有价"的，因此会纷纷入场买进，接手庄家抛售出来的筹码，从而导致成交量放大股价却没有上涨的滞涨现象。

这种走势必须是出现在股价经过大幅度上涨的高位区域，上涨幅度应该在翻一番以上，否则就不一定是庄家出货而导致的高位放量滞涨。如果出现放量滞涨现象时股价处于震荡走势，那么庄家会让股价维持在 20 日均线附近上下震荡，在震荡的过程中，股价一般不会跌破 30 日均线。

只要在高位出现放量滞涨的情况，一定要先退出观望，即使个别股票存在高位换庄的可能，也应当在放量完毕后视其后续走势来定是否跟进。如果是换庄，紧接着就应该无量拉升，脱离庄家的成本区。但高位换庄的情况很罕见，我们还是不把它考虑在内的好，为了安全起见，凡遇上这种情况就先退出，不要对后市抱有什么幻想，哪怕是出现亏损也要斩仓出局。

### 三、高位放量滞涨的操作注意事项

放量滞涨指股价上涨幅度与成交量放大的幅度不匹配。股价上涨幅度不大，成交量却呈巨量。这种情况一般是由于主力出货造成的。庄家无心做多，股价上涨幅度不大，成交量却呈巨量出货的表现。当然也有另一种情况，当股价突破重要压力位时，也会放出巨量，这需要具体问题具体分析。

股价高位的量增价平是一种顶部反转的征兆，一旦接下来股价掉头向下运行，则意味着股价顶部已经形成，投资者应注意股价的高位风险。当然，并不是所有的高位放量都是头部的信号。首先要查看股价的涨幅大小，一般来说涨幅超过同期指数涨幅 30% 以上，或者绝对涨幅达到 50%、100%、200% 以后的高位放量，形成头部的概率就很高。

# 堆量滞涨止损策略

## 一、了解堆量的意义

所谓堆量，是指成交量在某个价位附近出现持续放大，每天的成交量都非常大，这些巨大的日成交量堆集在一起就像一座小山一样（如图4-5）。所谓堆量不涨，就是指出现堆量后，股价并没有随同成交量的持续放大而出现上涨，而是出现强势震荡，或即使上涨，幅度和力度也非常小，量价配合严重背离。

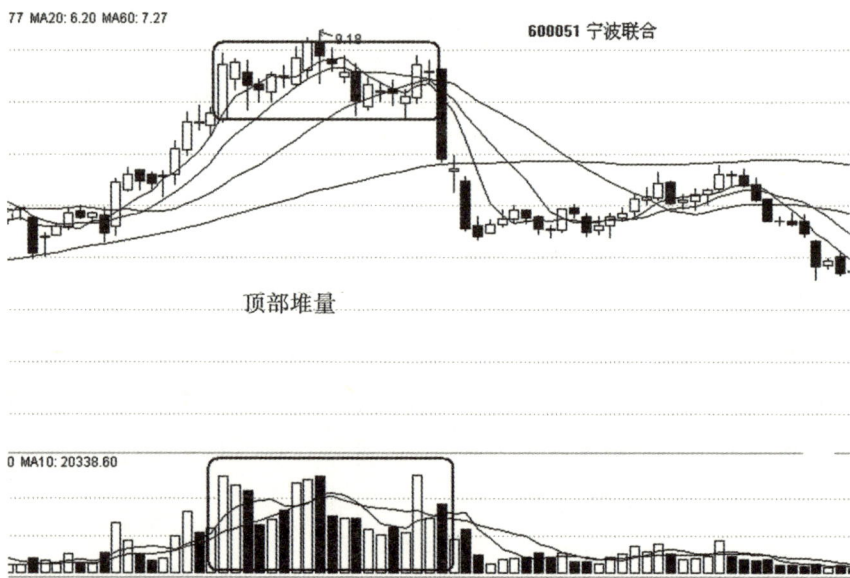

图 4-5 堆量滞涨

堆量是一种有序的成交量温和递增，堆量反映出的是健康的上涨形态。从"庄家市"的角度讲，当主力意欲拉升时，常把成交量做得非常漂亮，几日或几周以来，成交量缓慢放大，股价慢慢推高，成交量在近期的K线图上形成一个状似土堆的形态，堆得越漂亮，就越可能产生大行情。相反，在高位的堆量表明主力已不想玩了，在大举出货。

## 二、高位堆量滞涨的止损策略

实战经验证明，堆量滞涨的欺骗性极大，这种技术形态对于缺乏投资经验和分析能力的散户杀伤力非常大，是一种典型的技术骗线。该形态之所以能够欺骗大部分小散，主要是其成交量持续放大，交投非常活跃。同时，股价也出现强势特征。如果没有相当的经验和专业水平，一般是很难分辨其危害性的。

不管主力做盘的手法多么狡诈，也不管主力做盘的方式多么复杂，但有两点是主力必须遵循的。一是低买高卖，二是不给或尽量不给散户低位吃货的机会。很明显，堆量滞涨不符合第二条，也就是说，如果主力资金在吃货，那么经过多日的持续堆量，应该说已经吃得差不多了。既然主力吃够了货，那就应该迅速拉起来，使股价脱离他的堆量成本区，不让散户吃到便宜货。即然堆量后股价没有向上突破，那就是说明他根本就不想往上做，其真实目的是通过堆量造成一种股价即将上涨的假象，诱骗散户进场买入，而主力则乘机出逃。

有些主力被套后喜欢逆市拉升，因为在大盘持续走低的情况下，放量堆高非常容易引起市场的关注，也容易吸引投资者的介入。这种股票基本上都是过去曾经大幅炒作过而主力又未顺利出逃并且仓位非常重，为了尽快出逃，主力往往采取不计成本的方式出货。

有些股票除权后出现明显的堆量滞涨，这是主力利用除权后的"廉价"效应造势骗人，其特点是成交量持续放大，股价强势横盘或小幅上涨，给人以放量走高的假象。一般而言，除权后出现堆量的股票往往会出现破位下行，并且幅度相当大，所以说，对于这种除权堆量的股票切不可盲目买入。

## 三、高位堆量滞涨的操作注意事项

堆量就是量一定要堆起来而不是一天两天单日放量，因此只有昨天的大于前天量的 2 倍以上，今天量大于昨天量的 2 倍以上，明天量大于今天的量 2 倍以上，才能完成堆量形态。在高位对敲堆量的过程中，主力的出货量往往会占

当日成交量的 30%，同时还会新增 10% 的筹码，所以主力每日的实际出货量只能占当日成交量的 20% 左右。也就是说，即使每日换手率达到了 10%，主力也需要 25 天才能将 50% 的筹码出完。因此，投资者一旦发现某只个股有过巨大而稳健的涨幅，当其高位出现一个月左右的震荡期时，该股往往还会持续走低，持股者必须果断清仓离场，以免被套的更深。

# 第五章

# 股市双刃刀——技术形态快速止损策略

## 头肩顶止损策略

### 一、认识头肩顶形态

头肩顶又称"三鼎",是股票趋势形态中最重要的转折形态(如图5-1)。一个完美的"头肩顶"走势可以划分为以下部分。

(1)左肩部分:持续一段上升的时间,过去在任何时间买进的人都有利可图,于是开始获利沽出,令价格出现短期性的回落。在这段期间,成交量很大,不过当回落时,成交较上升到其顶点时有显著的减少。

(2)头部:经过短暂的回落后,股价开始回升,成交也随之增加。成交量的最高点较之于左肩部分,明显减退。随着价格升破上次的高点,再次出现大量的高点获利回吐的投资者,于是又迫使行情再依次回落,成交量在这回落期间也同样减少。

(3)右肩部分:行情下跌到接近上次的回落低点又再获得支持回升,那些后知后觉错过了上两次上升机会的投资者在这次回升中跟进。可是,市场投资的情绪明显减弱,成交较左肩和头部大大减少,没法抵达头部高点便告回落,于是形成右肩部分。

头肩顶是趋势转折图形,在月K线图上常见。其对称性好,左半与右半,在时间、价位具有对称关系。头肩顶一般是右肩低于左肩，并右半将来就是头肩底的左边；头肩底一般是右肩高于左肩，并右半将来就是头肩顶的左边。而且左右肩差的大小，决定将来头肩的顶与底的差。

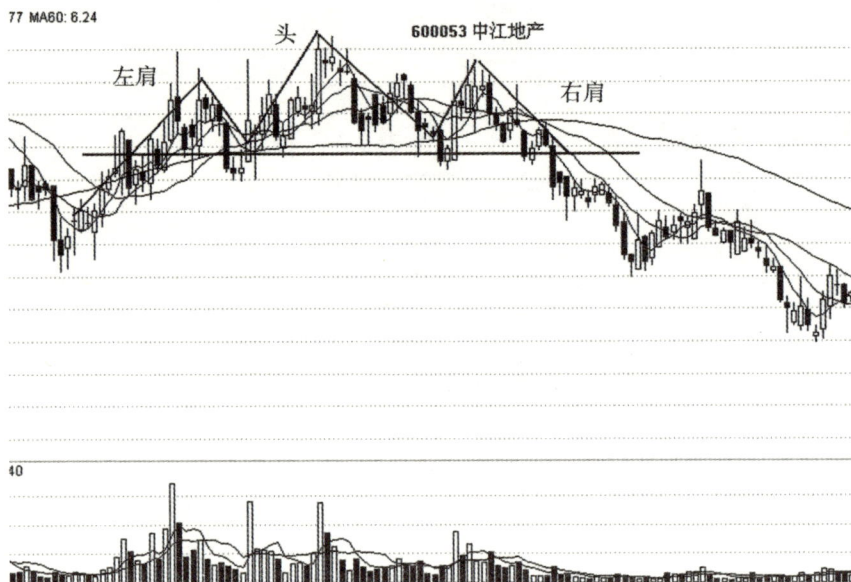

图 5-1　头肩顶形态

简单来说，"头肩顶"的形状呈现三个明显的高峰，其中位于中间的一个高峰较其他两个高峰的高点略高。至于成交量方面，则出现"梯级型"的下降。"头肩顶"是一个不容忽视的技术性走势，从该型态可以观察到多空双方的激烈竞争情况，行情升后下跌，再上升再跌，买方最后完全放弃，卖方完全控制市场。

## 二、头肩顶形态的止损技巧

作为涨势与跌势的转折点，头肩顶是比较可靠的下跌信号。弄清头肩顶的形成规律、形态特点及相应买卖策略，不仅可以把握重要的卖空良机，而且，在相反情况下，也可根据倒头肩底的上升信号，抓到明朗的多头机会。

这是一个长期性趋势的"转向形态"，通常会在牛市的尽头出现。当最近的一个高点的成交量较前一个高点为低时，就暗示了"头肩顶"出现的可能性。当第三次回升价格没法升抵上次高点，成交继续下降时，有经验的投资者就会把握机会沽出。

当颈线跌破时，成交不必增加也该信赖。头肩顶形态完成后，向下跌破颈线时，成交量不一定扩大，但日后继续下跌时，成交量会扩大。一旦头肩顶形态完成，就应该相信图形所表示的意义。倘若成交在跌破时激增，显示市场的抛售力量十分庞大，会在成交量增加的情况下加速下跌。在跌破颈线后可能会出现暂时性的回升"后抽"，此情形通常会在低成交量的跌破时出现。不过，暂时回升应该不超越颈线水平。

当头肩顶颈线被击破时，就是一个真正的沽出信号，虽然价格和最高点比较，已回落了相当的幅度，但跌势只是刚刚开始，未出货的投资者继续沽出（如图5-2）。当颈线跌破后，可根据该形态的"最少跌幅"量度方法预测价格会跌至哪一水平。量度的方法是：从头部的最高点画一条垂直线到颈线，然后在完成右肩突破颈线的一点开始，向下量出同样的长度，由此量出的价格就是将会下跌的最小幅度。

图5-2 头肩顶卖出信号

头肩顶，属升势逆转的见顶形态。一旦确认此形态，下跌幅度可能很大，其逆转杀伤力远高于其他逆转形态，股价或指数升势将转为跌势。确定形态前，进取的投资者宜趁升势将尽早尽快清货离场；跌穿颈线后，将是真正的卖出讯号。

当左肩和头出来后，如果我们怀疑可能是一个头肩顶，可以去做空头。但要设限止损，升破头顶就投降。跌破颈线的 3% 时，形态即可确立，可采取卖出策略。当右肩成型尚未破颈线时，我们亦可估计走势会破线而抢先去卖空，但亦要设限，回头升破右肩的顶部就止损离场，因为发展至此，已表明走势并非是真正的头肩顶，只是一个引人做空头的假动作。

### 三、头肩顶形态的操作注意事项

头肩顶是一个杀伤力十分强大的形态，通常其跌幅大于量度出来的最少跌幅。颈线之突破，收盘价突破颈线幅度超过该股市价 3% 以上，是有效之突破。假如价格最后在颈线水平回升，而且高于头部，又或是价格于跌破颈线后回升高于颈线，则可能是一个失败的头肩顶，不宜信赖。

头肩顶多发生于多头行情的末升段或是反弹行情的高点。头肩顶成形与否，可从成交量来研判，最明显的特征是右肩量最小。左右两肩的高度不一定等高，颈线亦不一定是水平。左右肩的数目不一定只有一个，也不一定会呈现对称个数，这种头肩顶可称为复合式头肩顶。利用对称性好的特点得知：头肩顶右半时可以作空头，头肩底左半时可以作多头。

# 圆弧顶止损策略

### 一、认识圆弧顶形态

圆弧顶是指股价或股指呈现出圆顶走势，当股价到达高点之后，涨势趋缓，随后逐渐下滑，是见顶图形，预示后市即将下跌（如图 5-3）。整个形态完成耗时较长，常与其他形态复合出现，市场在经过初期买方力量略强于卖方力量的进二退一式的波段涨升后，买力减弱，而卖方力量却不断加强，中期时，多空双方力量均衡，此时股价波幅很小，后期卖方力量超过买方，股价回落，当向下突破颈线时，将出现快速下跌。

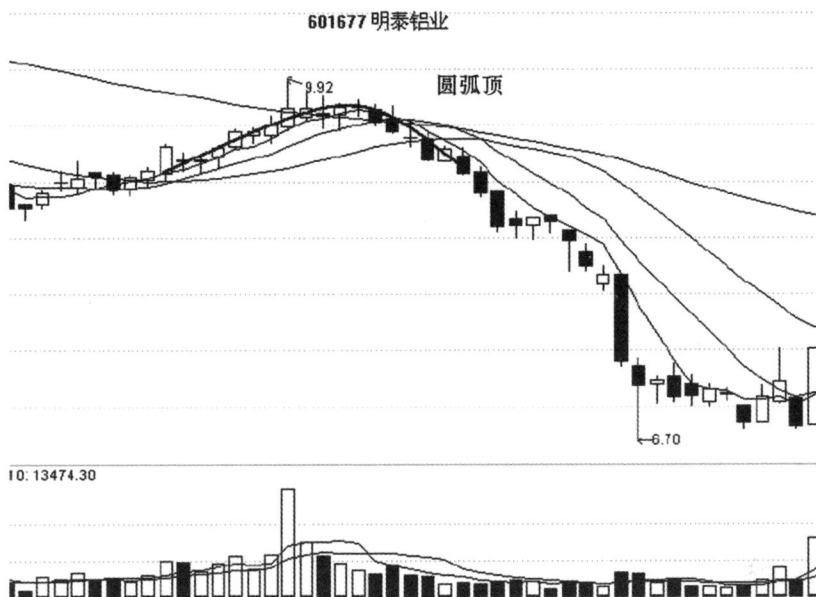

图 5-3 圆弧顶形态

价格走势所形成的圆弧，与成交量两头高、中间低所形成的圆弧形，组合在一起将可以形成一个圆形。事实上，圆弧顶往往是主力资金选择套现离场的最佳形态。由于庄家筹码很多，在派发套现阶段，有必要将股价水平维持在一个相对高位的大致区间中，逐步完成对筹码的套现离场，而当筹码派发接近尾声时，庄家才会把手中剩余筹码不计成本地"清仓处理"，此时成交量一般会有较为明显的放大。

在多空双方拉锯形成圆弧顶期间，影响股价的经济、政治、市场人气、突发消息等各种因素均没有发生，市场只是物极必反的转势心理占据了主导地位，个股则是"温水煮青蛙"式的出货情况。

## 二、圆弧顶形态的止损技巧

圆弧顶是指多方在维持一段股价或指数的涨升之后，买力逐步趋弱，难以维持，涨势缓和。而空方力量却有所加强，双方力量均衡，此时股价保持平台整理状态，一旦空方力量超过多方，股价开始回落，起初只是慢慢改变，跌势并不明显，但随后空方完全控制住市场，跌势转急，表明一轮跌势已经来临，先知先觉者往往在形成圆弧顶前抛售出局，不过在向下突破圆弧顶颈线时出局也不算太迟。圆弧顶在不同的时间周期曲线图上常能见到。

经典的技术分析告诉我们，在实盘中出现频率并不高的圆弧顶，一旦形成之后，应当立即采取措施，因为这一形态完成后的量度跌幅将是不可测的，这一量度跌幅将可能远远超过你的心理预期。

有时当圆弧顶形成后，股价并不立刻下跌。而是反复横向发展，形成徘徊区域，称作"碗柄"。一般来说碗柄很快便会被突破，股价会继续朝着预期中的下跌方向发展，但却提供给了投资者在下跌之前的一个退出机会。圆弧顶突破后的最小跌幅一般是圆弧颈线到圆弧顶最高点之间的垂直距离。圆弧顶的理论下跌目标位很难确定，一般只有通过支撑位、百分比、黄金分割等方法来预测。

在识别圆弧顶的形成时，成交量是一个重要的因素，因为它在圆弧顶形态逐步演化的过程中，它总是会呈现出两头多、中间少的特征。换句话说，成交量总是在圆弧顶刚刚开始构建时比较大，而在弧顶位置成交量持续收缩，当圆弧形态即将完成时，成交量将会再次放大。

成交量没有固定特征，一般呈逐级递减，在开始股价上升时成交量增加，在升至顶部时显著减少，在股价下滑时，成交量又开始稍稍放大，有时也出现巨大而不规则的成交量，有时也会呈圆顶形状或 V 形。圆弧顶多出现于绩优股中，由于持股者心态稳定，多空双方力量很难出现急剧变化，主力在高位慢慢派发，K 线易形成圆弧顶。

由于圆弧顶形态耗时较长，没有像其他图形有着明显的卖出点，但其有足够的时间让投资者依照趋势线、重要均线系统及其他指标在形成之前及早退出。在圆弧顶末期，股价跌到一定程度时，会引起持股者恐慌，使跌幅加剧，常出现跳空缺口或大阴线，此时是一个强烈的出货信号，应果断离场。圆弧顶成交量多呈现不规则状，当圆顶右侧量小于左侧量甚为明显时，圆弧顶形成的概率很高。股价跌破颈线3%，向下突破确立后，可采取卖出策略。

股价走势在经过一段时间的震荡上涨之后，当成交量开始放大，但价格却逐步陷入滞涨，单日（或其他某一时刻）的涨幅开始出现减小时，我们就应当密切关注成交量的后续变化情况。一旦出现股价向下放量突破（日成交量突破均量线，如5日均线量或10日均量线），那么我们将可以认为圆弧顶已经基本形成，多头需要采取的操作是立即抛出手中的筹码，向空头阵营转化。

### 三、圆弧顶形态的操作注意事项

在实盘中，即便圆弧顶形态接近完成，价格仍然可能形成放量上涨，这时我们应当关注价格运行到弧顶位置时的走势，并可以根据其他指数像OBV能量潮、KDJ指标等来分析下一步价格究竟会不会突破弧顶位置，如果不能突破，那么价格走势就将可能演化为另一种形态——M头形态。

圆弧顶不仅包括完整的正半圆形，也包括一些不完整的圆弧形态，即包括全部"大部分图形在经过圆心的水平线以上"的圆弧状形态。圆弧顶是一种重要反转形态，可以出现在大中小行情的局部高点形成短期或长期顶部，图形大小决定其作用大小。越是投资型市场越易出现此形。

在实盘中，圆弧顶出现的位置在很多情况下都不代表真正的顶部位置，它往往比最顶部稍矮一些。这也就意味着，现实中的圆弧顶往往出现在价格的中高位置上。我们可以看到历史上炒作比较热烈的老庄股的走势：在经过一段时间的价格上涨后，在上涨的末期阶段，股价走势会形成加速上涨，暂时摆脱以前的运行轨道，此后形成回落，当股价下跌到稍低一点的位置后，圆弧顶形态逐步出现。

# 三重顶止损策略

## 一、认识三重顶形态

三重顶又称为三尊头，是指股价上升到一定的高度后，先后出现了三个高点相近的顶部反转图形（如图5-4）。通常出现在升势后期，是即将下跌的信号。

图5-4　三重顶形态

典型的三重顶形态通常在一个较短的时期内穿破支持线而形成。另一种确认三重顶的讯号可从整体的成交量中找到。图形形成过程中，成交量减少，直至价格再次上升到第三个高位时，成交量开始增加，形成一个确认三重顶的讯号。

三重顶形态的特征：

（1）多出现于空头走势的反弹行情之中。

（2）三个头部与颈线的距离大致相当，第三个头的成交量会明显地较前二者小。三重顶的三个头部之中，有时也会形成圆弧顶的形态。

（3）一般多出现在周线等较长期的线图之中，而且在三重顶成形向下跌破之后，将来指数整理的时间也会较一般长。

任何头肩形，特别是头部超过肩部不够多时，却可称为三重顶形。三重顶形态和双重顶十分相似，只是多一个顶，且各顶分得很开、很深。成交量在上升期间一次比一次少。

## 二、三重顶形态的止损策略

股价上升一段时间后投资者开始获利回吐，市场在他们的沽售下从第一个峰顶回落，当价格跌到某一位置时，得到逢低买盘的承接，股价上升，形成了第一个顶部。在股价回复至与前一高位附近时，即在一些减仓盘的抛售下，令股价再度走软，当跌到前期低点附近，又一次受到新买盘和做空回补盘的托起，形成第二个顶部。随后股价又继续弹升，但上升到前两次高点左右，此时越来越多的投资者意识到大势已去均沽出，令股行跌破上两次回落的低点（即颈线），形成第三个顶，于是整个三重顶形态便告形成。当向下跌破颈线时，就构成了如同三座山峰的三重顶形态。成交量在上升期间是逐级递减的。

三重顶形态中，第一个顶点时的成交量，大部分都会比后面两个顶点时的成交量大，而在第三个顶点时的成交量，大多会比前面两个顶点时的成交量小，形成一个确认三重顶讯号。最低点的形成，投资者通常以它作为主要支持线，当价格出现双顶后回落至接近颈线（支持位），然后再次反弹至原先双顶的位置，并遭遇阻力后回落。若价格跌破颈线，便会大幅滑落，三重顶图形即被确认。

当三重顶的第二个波峰形成时，如成交量出现顶背离现象，投资者可考虑适当减仓。当三重顶形成第三个顶时，如果上升时成交量非常小，显示出即将下跌的征兆，要引起投资者的警觉，可果断离场观望。

只有处在高位的三重顶形态，才是有效的下跌信号，如果出现在低位或是上升途中，多数情况下，经过一段横盘整理，价格会向上突破，如果按三重顶形态抛出，就有踏空的可能。三重顶理论最小跌幅是指三个顶部高点的连线到颈线的垂直距离。顶部越宽，下跌力量越强。

三重顶形成后，持仓的投资者大多会在第三个顶部附近卖出，价格会向下跌落，第四个顶部是较少见到的。

### 三、三重顶形态的操作注意事项

三重顶的三个顶点和低点，价格不必相等，相差 3% 以内就行。间隔距离与时间不致相近即可。三个顶部之间应有一定的间隔，一般来讲两顶间应有 5 根 K 线以上，过少则会影响判断的准确性。三重顶的三个波峰相对应的成交量是相继减少的，反映出随市况的发展，看多的投资者在逐步减少，是市场即将发生逆转的一种迹象。

# V 形顶止损策略

### 一、认识 V 形顶的形态

V 形顶也称尖顶，是指股价经过连续急速上涨后，突如其来的某个因素扭转了整个趋势，在顶部伴随大成交量形成十分尖锐的转势点，一般需要两三个交易日，随后股价以上升时同样的速度下跌，出现近乎垂直的急挫，从高点快速下跌到底点附近，成交量逐渐减小，整个移动轨迹就像倒写的英文字母 V（如图 5-5）。

9.02 MA60: 9.26

V形顶

10.98

**600128 弘业股份**

7.50

1971.20

图 5-5　V 形顶形态

V 形顶走势，有三个特点：

（1）上升阶段：通常 V 形顶的左方涨势十分陡峭，而且持续一段较短的时间。

（2）转势点：V 形顶的顶部十分尖锐，一般来说形成这个转势点的时间需要两三个交易日。

（3）下跌阶段：股价从高点下降到底点附近。

V 形顶常出现在涨市后期或失控的牛市环境中，前期市场涨升过于猛烈，突发因素造成转折点，以关键反转日或岛形反转的形式发生。股价急速掉头，众人恐慌抛售，下跌之快令人措手不及。

V 形顶走势是一种很难预测的反转形态，它往往出现在市场剧烈的波动之中。V 形顶的形成是由于市场看好的情绪使得股价上升，可是突如其来的一个因素扭转了整个趋势，股价以上升时同样的速度下跌，形成一个 V 形顶的移动轨迹。

## 二、V 形顶形态的止损策略

V 形顶是一种重要的顶部反转形态，常出现在大中小行情的局部高点，形成长期或中短期头部，形态大小决定反转后的杀伤力。在乐观的情绪下，投资者纷纷买入，一轮快速上涨将股价推至高位，市场中的累积获利盘没有得到消化，遇突发利空，获利盘和恐慌盘大规模涌出，价格高台跳水，股价跌至低位，常会回吐 50% 的涨幅，有时比涨升的起点还要低。市场经过急剧下跌之后，趋势开始改变，已经由强到弱，发生了质的变化。

V 形顶其实不是形态，但由于它的出现同样是一段时期内演化的结果，同时也确实是一种反转现象，所以我们还是把它们当作反转形态来研究。V 形顶形态不容易判断，因为它的反转通常没有什么征兆，而且反转前也没有逐渐缓和的趋势（逐渐平衡的买卖实力）可供参考，急来急去，令人防不胜防。

在 V 形顶形成之前，股价快速上涨中常会出现跳空缺口。反转的当天，日 K 线有时是十字星，带长上影的小阴线或大阴线等形态，有时还伴随有岛形反转。V 形顶走势在转折时要有明显的成交量放大，成交量越大转折越剧烈。

V 形顶一旦形成，比 V 形底的反转要猛烈得多。事先没有明显征兆，可借助 K 线理论中出现的反转信号来识别。一般在上升后期，成交放出巨量，股价突然开始下跌，此时投资者就要提防了。

V 形顶没有明确的买卖点，往往出现于高价区，股价大幅拉升之后，放量滞涨，回落初期是长阴杀跌。V 形顶形态的出现，通常是报复性回撤的结果。它往往在重大利空消息来临时产生，或是在严重的超买运动中产生，由此形成了短期内价格的剧烈波动。出现此种信号，投资者应果断离场。

V 形顶有时会变异为延伸 V 形顶，股价在急跌一段时间后，出现横向盘整，然后再继续下跌。这是因为部分投资者犹豫不决，当这股买力被消化之后，股价继续下跌，完成整个形态。伸延 V 形顶与 V 形顶具有同样的测市效果。

通常 V 形顶形态是由一些突如其来的因素造成的，只有一些消息灵通的投资者才能预见。V 形顶是一个杀伤力极大的顶部形态。如能够及时判断，可有效地避免高位套牢，V 形顶没有明确的量度跌幅，但一般都会回到原来的起始点。

### 三、Ｖ形顶形态的操作注意事项

在Ｖ形顶反转发生时要及时行动，突出一个字"快"。Ｖ形顶与延伸Ｖ形顶一般形成时间较短，走势猛烈，尤其Ｖ形顶，一旦转折，则势不可挡，因此在操作时应谨慎对待。一般的反转形态都有一个较为明确的步骤。但Ｖ形走势却截然不同，它没有中间那一段过渡性的横盘过程，其关键转向过程仅2～3个交易日，有时甚至在1个交易日内完成整个转向过程。Ｖ形顶的出现没有一个明显的形成过程，这一点同其他反转形态有较大的区别，因此往往让投资者感到突如其来甚至难以置信。

# 跌破下降三角形止损策略

### 一、了解下降三角形形态

下降三角形通常回档低点的连线趋近于水平，而回升高点的连线则往下倾斜，代表市场卖方的力量逐渐增加，使高点随时间而演变，越盘越低，而下档支撑的买盘逐渐转弱，退居观望的卖压逐渐增加，在买盘力量转弱而卖压逐渐增强的情况下，整理至末端，配合量能温和放大，价格往下跌破的机会较大（如图5-6）。

下降三角形的形状与上升三角形恰好相反，股价在某特定的水平出现稳定的购买力，因此股价每回落至该水平便告回升，形成一条水平的需求线。可是市场的沽售力量却不断加强，股价每一次波动的高点都较前次低，于是形成一条向下倾斜的供给线。成交量在完成整个形态的过程中，一直是十分低沉。

下降三角形同样是多空双方较量的表现。下降三角形在突破下部水平阻力线时有一个短期沽出讯号。上升三角形在突破时须伴有大成交量，而下降三角形突破时不必有大成交量来证实。

图 5-6　下降三角形形态

## 二、跌破下降三角形的止损技巧

虽然下降三角形的形成同样是多空双方在某价格区域内角力的表现，然而多空力量的分布却与上升三角形所显示的情形完全相反。看空的一方不断地增加沽售压力，价格还没回升到上次高点便再沽售，而看多的一方坚守着某一价格的防线，令行情每回落到该水平便获得支持。

下降三角形属于弱势盘整。卖方显得较为积极，抛出意愿强烈，不断将价格压低，从图形上就造成了压力颈线从左向右下方倾斜，买方只将买单挂在一定的价格之上，造成在水平支撑线抵抗，从而在图中形成下降。

下降三角形的成交量一直十分低沉，突破时不必有大成交量配合；另外，如果股价原有的趋势是向上的，则遇到下降三角形后，趋势的判断有一定难度；但如果在上升趋势的末期，出现下降三角形后，可以看成是反转形态的顶部。而如果股价长期处于下降趋势，出现下降三角形后，三角形整理进入末端时往往面临方向性的选择。一旦出现主力资金抄底时，有可能止住下跌势头；如果成交继续萎缩，资金进入不明显，则很有可能受下降趋势线的压制快速向下突破。

如果下降三角形往下跌破，不必大量的成交量来说明，一般在跌破后数天，成交量会呈现增加的趋势。但如果形态往上冲破阻力，就必须以成交明显增加来配合了。此种形态不可贸然确定底部。在其他三角形形态中如果价格发展到三角形的尾端仍然无法形成有效突破的话，其多空力道均已消耗殆尽，形态会失去原有意义。但是下降三角形是个例外，当价格发展到其尾部时仍然可能会下跌。

在向下跌破后，有时可能会出现假性回升，回升将会受阻于下降三角形的底线水平之下。和其他三角形形态没有分别，下降三角形越早突破，出错的机会越低。在接近三角形的尖端跌出形态以外，其预测的有效程度可能完全推动。形态被突破后，其价格也会有回抽的过程，回抽的高度一般在颈线附近，在此位置获利盘与逃命盘的大量涌出会使价格继续大幅下跌。在破位时如果没有伴大量的成交量，则意味着价格下打的意味不是很浓，此时应注意下方的支撑位，如果价格遇阻徘徊的话就应考虑减仓了。

下降三角形是个整理形态，通常出现在下跌过程中，而且具有往下跌破的倾向。当购买的实力消耗殆尽时，沽售的力量把水平的需求线支持力击破，就是一个短期沽出信号。虽然该形态反映出卖方的力量占优势（供给线向下倾斜），形态往下跌破的机会较高。但在过去的图表中显示，也有向上突破的可能存在。因此投资者宜在形态明显突破后采取行动。

### 三、跌破下降三角形的操作注意事项

值得一提的是下降三角形虽属于整理形态，一般有向下规律性，但亦有可能朝相反方向发展。即下降三角形也有可能向上突破，若有大成交量则可证实。另外，在向下跌破时，若出现回升，则观察其是否阻于底线水平之下，在底线之下是假性回升，若突破底线３％，则图形失败。

# 跌破矩形整理止损策略

## 一、了解矩形整理形态

矩形是指股价或股指由一连串在两条水平的上下界线之间变动而形成的形态（见图5-7）。股价在这一范围之内呈现上升和回落。当价格上升到某水平位时遇到阻力，即掉头下落，但很快便获得支持而重新回升，可是回升到上次同一高点附近时，再次受阻，挫落到上次低点，则再次得到支撑，将这些短期高点和低点分别以两条直线连接起来，便可以绘出一条通道，这条通道既非上倾，亦非下降，而是平行发展，这就是矩形整理形态。

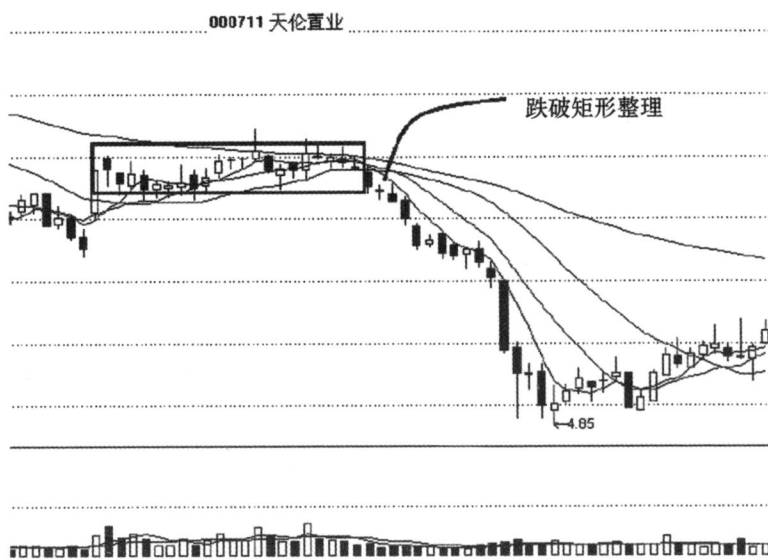

图 5-7 跌破矩形整理

矩形是个整理形态，整理的结果是往上还是往下，需要根据当时多空力量对比而定，在矩形整理过程中没有最后朝一个方向有效突破时，谁也不能妄下结论。

矩形在技术上的提示是：整理、观望。有时股价在上下波动内时，会碰到长条形下边线往上弹升，出现连拉数阳、价升量增的现象，这时买进会发现，股价碰到上边线就冲不上去了，仍像往常一样向下回落。因此，只要股价在长条形范围内上下运动，就坚决作壁上观，不买股票，要经得起诱惑。

### 二、跌破矩形整理形态的止损技巧

矩形整理在形成的过程中，除非有突发性的消息扰乱，其成交量应该是不断减少的，如果在该形态的形成期间，有不规则的高成交量出现，则该形态就可能失效。当股价突破矩形上限水平时，必须有成交量激增的配合；但若跌破下限水平时，则不需大成交量的配合，即上破要大量而下破可少量。

在下降趋势中，当股价的收盘价跌破了矩形下边的支撑线，并有明显的跌幅（一般为低于矩形整理形态 3% 左右），成交量也有一定的放大情况，视为矩形的有效向下突破。一般情况下，判断矩形是整理形态、突破形态的依据之一是股价已有的涨跌幅。当股价从底部上涨 30% ～ 50% 或从高位下跌 30% ～ 50% 时，可以视为整理形态；而当股价从底部上涨和高位下跌的幅度超过 80% 以后出现的矩形形态，大多数是矩形反转形态。

在下降趋势中，当股价向下跌破矩形整理形态下边的支撑线，形成有效突破后，通常意味着市场上一条重要的支撑线被突破，大量的卖盘将涌出，股价将开始一轮新的下跌行情，这时投资者应持币观望或尽快卖出股票。

在下降趋势中，矩形整理形态突破的确认与矩形的位置与长期均线的位置也有很大的关系。如果下降矩形整理形态是出现在长期均线上方附近时，矩形向下有效突破的标志是以是否跌破长期均线为准，即股价跌破矩形下边支撑线但没有跌破长期均线，矩形的向下突破还不能确认，但如果股价即跌破矩形的支撑线又跌破长期均线，则矩形向下突破为有效突破，而且股价向下突破后的力度和空间将非常大。

矩形整理形态呈现突破后，股价经常出现回抽确认突破的有效性。这种情况通常会在突破后的三天至三星期内出现。反抽将止于顶线水平之上，往下跌破后的假性回升，将会受阻于底线水平之下。

### 三、跌破矩形整理形态的操作注意事项

一个高低波幅较大的矩形较一个狭窄而长的矩形形态，未来更具突破力。即一旦向上突破，将是迅猛涨升，而一旦下破，也将是快速下跌。当矩形整理形态初步形成后，投资者可利用矩形形态下有支撑线、上有压力线的特点，在矩形下界线买入，在矩形上界线附近抛出，来回做短线操作。但是，在做这种短线操作时要注意两点：一是矩形的上下界线相距要较远；二是一旦矩形形成有效突破则需要审慎决择，在下降趋势中，矩形向下突破时，要尽快止损离场。

# 跌破上升楔形止损策略

## 一、认识上升楔形形态

"楔形"是指一种类似于楔子的具有两个明显斜面的形态，和"旗形形态"有相似之处，即先要有一根"旗杆"形成，在旗杆形成之后再进行楔形整理。在这一整理过程中，股价波动局限于两条逐渐收敛的趋势线之间，两趋势线最终交汇，形成一个尖顶，整体呈一个上倾的三角形（如图5-8）。

图 5-8　上升楔形形态

上升楔形指股价经过一段下跌后，出现强烈的技术性反弹，价格反弹至一定的水平高点即掉头下落，但回落点比前次要高，随后又回升创出新高点，即比上次反弹点高，形成后浪高于前浪之势。把短期高点和短期低点分别相连，形成两条同时向上倾斜的直线，组成了一个上倾的楔形，而且下边各低点的连线较上边连线陡峭，这就是所谓的上升楔形形态。

上升楔形多发生于空头行情的反弹波或出现在多头行情的末升段，属于修复整理形态。股价下跌后出现反弹，涨至一定水平又掉头下落，但回落点较前次高，又上升至新高点，比上次反弹点高，然后又回落，从而形成一浪高过一浪之势。

## 二、跌破上升楔形的止损策略

楔形形态是一个短期反转趋势，即下跌趋势时常常出现上升楔形，上升趋势时常常出现下跌楔形。上升楔形实质上是股价下跌过程中的一次反弹波，是多方遭到空方连续打击后的一次挣扎，结果往往是股价继续向下突破。

上升楔形是主力实施第一阶段拉升计划后进行的技术性休整期，以修正过热的技术指标。同时，主力通过各种途径的宣传，为出货造势。下降途中的休整，其主要目的是诱使更多的短线资金进场抢反弹。主力在本阶段休整完成后，便会出现击穿楔形下轨进入第三阶段的清仓期。主力清仓完毕，股价将呈抛物线方式向下自由坠落，再无依托。

上升楔形表示一个技术性的意义之渐次减弱的情况。上升楔形是一个整理形态，常在跌市中回升阶段出现，上升楔形显示尚未跌见底，只是一次跌后技术性反弹而已，当其下限跌破后，就是沽出讯号。

上升楔形其后向下突破的概率有七成，而维持在上升高档横盘整理的概率较小。所以上升楔形通常能提供投资者一个明显的减仓信号：未来走势正在逆转中！上升楔形表示的技术性意义是，买力正在渐次减弱。当上升楔形下档的支持线被有效跌穿后，就是比较明显的沽出信号。此时后期走势极容易出现放量长阴或跳空下跌的走势，跌势较凶猛！"上升"楔形，这个名字是比较有诱惑性的，但最后走势却恰与其"上升"之名相反，往往是向下跌破。

上升楔形通常拖延三至六个月时间，并能提供投资者一个警示——市势正在逆转中。上升楔形的形成，最少有两个高点，以每个高点及先前的最高点连成一条最高的阻力线；同样，最少有两个低点，以每个低点及先前的最低点连成一条最低的支持线。在上升楔形中，价格上升，卖出压力亦不大，但投资人的兴趣却逐渐减少，价格虽上扬，可是每一个新的上升波动都比前一个弱，最后当需求完全消失时，价格便反转回跌。

在整个上升楔形形成过程中，成交量不断减少，整体上呈现价升量减的背离反弹特征，上升通道的成交量配合也是比较健康温和放大的；上升楔形在跌破下边线之后常常会有反抽，但会受阻于下边线的延长线，此时，也是一次较好的卖出时机。

上升楔形股价或股指在形态内移动，最后终会选择突破方向，如果向下突破，其理想的跌破点是由第一个低点开始，直到上升楔形尖端之间距离的2/3处。还有可能会出现另一种情况，就是股价一直整理到楔形的尖端，还稍作上升，然后才大幅下跌。这时主要看量能的变化，向上升破需要有大量配合，否则就可能是骗线。

### 三、跌破上升楔形形态的操作注意事项

上升楔形是整理形态，在跌市中的回升阶段出现，只是技术性反弹而已，表明多方非常顽强，锲而不舍地向上攻击，但整体来看已属强弩之末，市场的作空能量在逐步积聚，当其下边线跌破后，就是沽出讯号。上升楔形的下跌幅度，至少会将新上升的价格跌掉，而且要跌得更多，因为尚未见底。股价击穿下降楔形的下轨支撑后，其趋势基本也会以抛物线方式运行；下降目标的测量主要以楔形形成前一波下跌行情幅度为标准，幅度基本相等。

虽然跌市中出现的上升楔形往下跌破所占的比例大，但如果往上带量升破，那么就可能开始一轮新的升势了。这时候我们应该改变原来偏淡的看法，及时跟进。

# 第六章

## 远离股市风险——技术指标快速止损策略

# KDJ 指标止损策略

## 一、认识 KDJ 指标

KDJ 全名为随机指标（Stochastics），由美国的乔治·莱恩（GeorgeLane）博士所创，其综合动量观念，强弱指标及移动平均线的优点，也是欧美证券期货市场常用的一种技术分析工具。随机指标设计的思路与计算公式都起源于威廉（W%R）理论，但比 W%R 指标更具使用价值，W%R 指标一般只限于用来判断股票的超买和超卖，而随机指标却融合了移动平均线的思想，对买卖信号的判断更加准确。

随机指标 KDJ 最早是以 KD 指标的形式出现，而 KD 指标是在威廉指标的基础上发展起来的。在实践中，K 线与 D 线配合 J 线组成 KDJ 指标来使用。由于 KDJ 线本质上是一个随机波动的概念，故其对于掌握中短期行情走势比较准确。

## 二、KDJ 指标的止损策略

### 1. KDJ 指标的取值

KDJ 指标的取值范围：KDJ 指标中，K 值和 D 值的取值范围都是 0~100，而 J 值的取值范围可以超过 100 和低于 0，一般而言，80 以上为超买区，20 以下为超卖区，其余为徘徊区。当 K、D、J 三值在 50 附近时，表示多空双方力量均衡；当 K、D、J 三值都大于 50 时，表示多方力量占优；当 K、D、J 三值都小于 50 时，表示空方力量占优。KD 超过 80 就应该考虑卖出了，低于 20 就应该考虑买入了（如图 6-1）。

如果是 KDJ 指标中的 J 值为负的，当天买入的，以买入当天的最低点向下 3% 设止损位，破则止损；如果是推迟 1～3 天买入的，以股价进入买区的这一段时间（J 负值后几天及买入的当天）的最低点向下 3% 设止损位，跌破则止损。如果手中持有的个股向下创近期新低，也要考虑止损，若意外跌停，则必须在跌停板上止损。

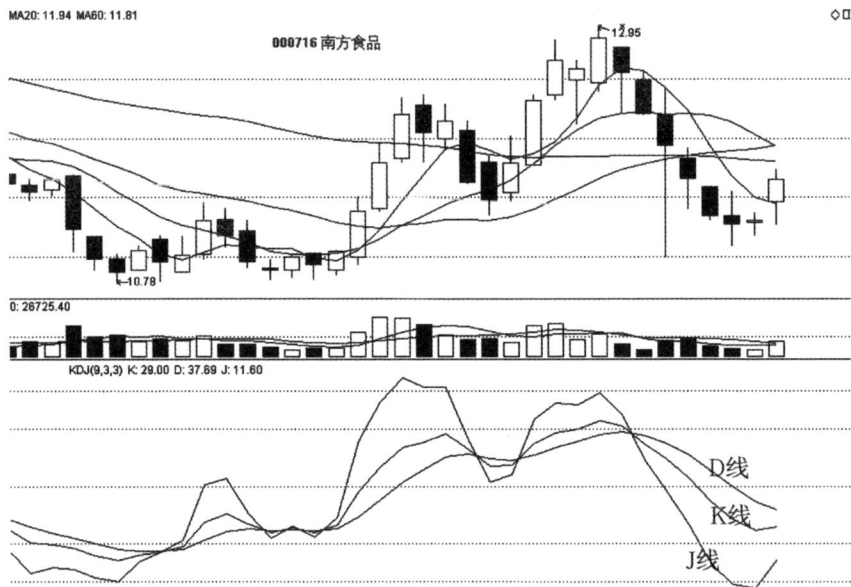

图 6-1　KDJ 指标

## 2. KDJ 曲线的死亡

当股价经过前期一段很长时间的上升行情，涨幅已经很大的情况下，一旦 J 线和 K 线在高位（80 以上）几乎同时向下突破 D 线，表明股市即将由强势转为弱势，股价将大跌。这时应卖出大部分股票，这就是 KDJ 指标的"死亡交叉"的一种形式。

当股价经过一段时间的下跌，向上反弹的动力缺乏，而各种均线对股价形成较强的压力时，KDJ 曲线在经过短暂的反弹到 80 线附近，仍未能重返 80 以上时，若 J 线和 K 线再次向下突破 D 线，表明股市将再次进入极度弱势中，股价还将下跌，可以卖出股票或观望，这是 KDJ 指标"死亡交叉"的另一种形式。

### 3. KDJ 曲线的背离

当股价 K 线图上的走势一峰比一峰高，股价一直向上涨，而 KDJ 指标的走势是在高位一峰比一峰低，即为顶背离现象。顶背离一般是股价将高位反转的信号，表明股价在中短期内即将下跌，是卖出的信号。

从 KD 指标的背离方面考虑。在 KD 处在高位或低位，如果出现与股价走向的背离，则是采取行动的信号。

当股价在高位，KDJ 在 80 以上出现顶背离时，可以认为股价即将反转向下，投资者可以及时卖出；而股价在低位，KDJ 也在低位（50 以下）出现底背离时，一般要反复出现几次底背离才能确认，并且投资者只能做战略建仓或做短期投资。

### 4. KDJ 指标曲线的形态

从 KD 指标曲线的形态方面考虑。当 KD 指标在较高或较低的位置形成了头肩顶和多重顶（底）时，是采取行动的信号。注意，这些形态一定要在较高位置或较低位置出现，位置越高或越低，结论越可靠。

当 KDJ 曲线在 50 上方的高位时，如果 KDJ 曲线的走势形成 M 头或三重顶等顶部反转形态，可能预示着股价由强势转为弱势，股价即将大跌，应及时卖出股票。如果股价的曲线也出现同样形态则更可确认，其跌幅可以用 M 头或三重顶等形态理论来研判。

## 三、KDJ 指标的操作注意事项

KDJ 的使用只是作为一种辅助手段而存在，投资者应参考股价的 K 线组合、量价关系、趋势形态与 KDJ 指标一起研判，当它们发出的买卖信号趋于一致时，这样的买卖信号比较可靠。

KDJ 是一种相对稳健、成功的概率相对较高、止损的机会相对较小的操作方法。这种方法对于初学者和没有太多时间看股票的投资者比较适用，但这并不意味着应用起来就没有风险。当买入后的走势与操作者开始预想的不一致时，依然要考虑止损。

# MACD 指标止损策略

## 一、认识 MACD 指标

MACD 是平滑异同移动平均线，主要是利用长短期的两条平滑平均线，计算两者之间的差离值，作为研判行情买卖之依据。MACD 指标是根据均线的构造原理，对股票价格的收盘价进行平滑处理，求出算术平均值以后再进行计算，是一种趋向类指标。

MACD 是根据两条不同速度的指数平滑移动平均线来计算两者之间的离差状况作为行情研判的基础，实际是运用快速与慢速移动平均线聚合与分离的征兆，来判断买进与卖出的时机与信号。据移动平均线原理发展出来的 MACD，一则去除了移动平均线频繁发出假信号的缺陷，二则保留了移动平均线的效果。因此，MACD 指标具有均线趋势性、稳重性、安定性等特点，是用来研判买卖股票的时机，预测股票价格涨跌的技术分析指标。

在实际操作中，MACD 指标不但具备抄底、捕捉强势上涨点的功能，还能够捕捉最佳卖点，帮助投资者成功逃顶。

## 二、MACD 指标的止损策略

MACD 指标的一般研判标准主要是围绕快速和慢速两条均线及红、绿柱线状况以及它们的形态展开。

### 1. MACD 的值

当 DIF 和 MACD 均小于 0（即在图形上表示为它们处于零线以下）并向下

移动时，一般表示为股市处于空头行情中，可以卖出股票或观望。当 DIF 和
MACD 均大于 0（即在图形上表示为它们处于零线以上）但都向下移动时，一
般表示为股票行情处于退潮阶段，股票将下跌须卖出股票和观望（如图 6-2）。

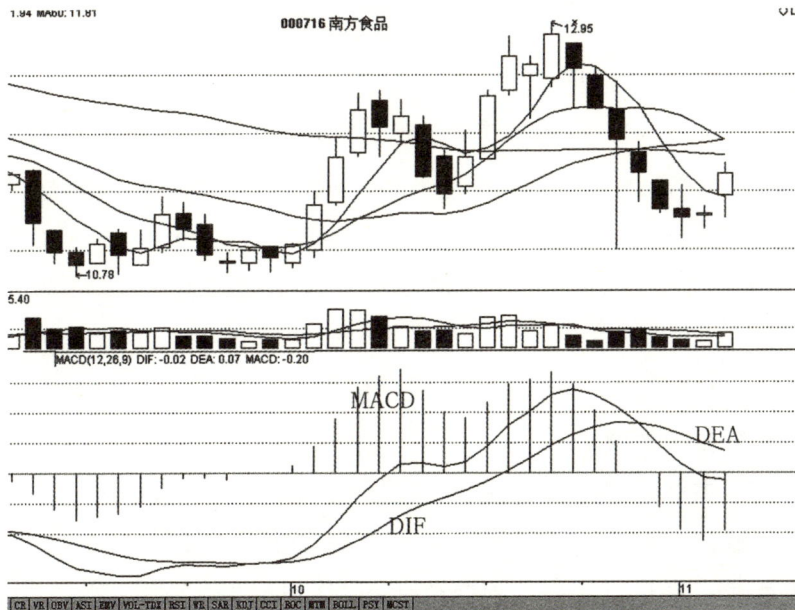

图 6-2　MACD 指标

## 2. MACD 的死亡交叉

当 DIF 与 MACD 都在零线以上，而 DIF 却向下突破 MACD 时，表明股市
即将由强势转为弱势，股价将大跌，这时应卖出大部分股票，这就是 MACD
指标的"死亡交叉"的一种形式。它表示股价经过很长一段时间的上涨行情，
并在高位横盘整理后，一轮比较大的跌势将展开。这种死亡交叉预示着股价的
中长期上升行情结束，该股的另一个下跌趋势可能已开始，因此，投资者对于
MACD 指标的这种死亡交叉应格外警惕，应及时逢高卖出全部或大部分股票，
特别是对于那些前期涨幅过高的股票更要加倍小心。

当 DIF 和 MACD 都在零线以上，而 DIF 向下突破 MACD 时，表明股市将
再次进入极度弱势中，股价还将下跌，可以卖出股票或观望，这是 MACD 指
标死亡交叉的另一种形式。

### 3. 柱状线分析

红色柱状线的收缩，表明市场上的多头力量开始强于空头力量，股价将开始一轮新的下跌行情，是一种比较明显的卖出信号。当 DIF 线和 MACD 线都在 0 值线以上区域运行时，红柱状线开始慢慢收缩时，说明股价的涨势已接近尾声，股价短期将面临调整但仍处于强势行情中。

当 DIF 线和 MACD 线都在 0 值线附近区域运行时，一旦红柱线消失，说明股价的上升行情已经结束，一轮中长线下跌行情即将展开。这种情况出现，投资者应尽早清仓离场，特别是 DIF 线和 MACD 线也同时向下运行时，更应果断离场。当 DIF 线和 MACD 线都在 0 值线以下区域运行时，如果 MACD 指标中的红柱线再次短暂放出后又开始收缩，则表明股价长期下跌途中的短暂反弹将结束，空方力量依然强大，投资者尽快离场。

### 4. MACD 指标的背离

在判断形态时以 DIF 线为主，MACD 线为辅。当股价 K 线图上的股票走势一峰比一峰高，股价一直在向上涨，而 MACD 指标图形上的由红柱构成的图形的走势是一峰比一峰低，即股价的高点比前一次的高点高，而 MACD 指标的高点比指标的前一次高点低，这叫顶背离现象。顶背离现象一般是股价在高位即将反转转势的信号，表明股价短期内即将下跌，是卖出股票的信号。

在实践中，MACD 指标的背离一般出现在强势行情中比较可靠，股价在高价位时，通常只要出现一次背离的形态即可确认为股价即将反转。

### 5. MACD 指标的形态

当 MACD 的红柱或绿柱构成的图形成双重顶底（即 M 头和 W 底）、三重顶底等形态时，也可以按照形态理论的研判方法来加以分析研判。当形态上 MACD 指标的 DIF 线与 MACD 线形成高位看跌形态，如头肩顶、双头等，应当保持警惕。

## 三、MACD 指标的操作注意事项

当价格并不是自上而下或者自下而上运行，而是保持水平方向的移动时，我们称之为牛皮市道。此时虚假信号将在 MACD 指标中产生，指标 DIF 线与

MACD 线的交叉将会十分频繁，同时柱状线的收放也将频频出现，颜色也会常常由绿转红或者由红转绿，此时 MACD 指标处于失真状态，使用价值相应降低。

MACD 主要用于对大势中长期的上涨或下跌趋势进行判断，当股价处于盘局或指数波动不明显时，MACD 买卖信号较不明显。当股价在短时间内上下波动较大时，因 MACD 的移动相当缓慢，所以不会立即对股价的变动产生买卖信号。

# RSI 指标止损策略

## 一、认识 RSI 指标

RSI 相对强弱指标由 WellsWider 所创，它以一特定时期内股价的变动情况来推测价格未来的变动方向。实际上，RSI 是计算一定时间内股价涨幅与跌幅之比，测量价格内部的体质强弱，根据择强汰弱的原理选择出强势股票。

RSI 的基本原理是在一个正常的股市中，多空买卖双方的力道必须得到均衡，股价才能稳定。

## 二、RSI 指标的止损策略

### 1.RSI 指标的取值

RSI 大于 50 为强势市场，高于 80 以上进入超买区，容易形成短期回档；小于 50 为弱势市场，低于 20 以下进入超卖区，容易形成短期反弹。RSI 原本处于 50 以下然后向上扭转突破 50 分界，代表股价已转强；RSI 原本处于 50 以上然后向下扭转跌破 50 分界，代表股价已转弱。但经常出现超买而不跌、超卖而不涨的指标钝化现象，所以 RSI 取值在研判方面的作用不大（如图6-3）。

图 6-3　RSI 指标

### 2. RSI 指标的交叉

RSI 指标一般有长、短期两条 RSI 曲线，短期 RSI 大于长期 RSI 为多头市场，反之为空头市场。短期 RSI 在 20 以下超卖区内，由下往上交叉长期 RSI 时，为买进讯号。短期 RSI 在 80 以上超买区内，由上往下交叉长期 RSI 时，为卖出讯号。

### 3. RSI 指标的形态

形态分析在 RSI 中得到大量的运用，可依据超买区或超卖区出现的头肩顶或底、双头或底等反转形态作为买卖讯号。RSI 曲线顶部反转形态对行情判断的准确性要高于底部形态。

当 RSI 曲线在高位（50 以上）形成 M 头或三重顶等高位反转形态时，意味着股价的上升动能已经衰竭，股价有可能出现长期反转行情，投资者应及时卖出股票，如果股价走势曲线也先后出现同样形态，则更可确认。股价下跌的幅度和过程可参照三重顶等顶部反转形态的研判。

### 4. RSI 指标的背离

当 RSI 处于高位，但在创出 RSI 近期新高后，反而形成一峰比一峰低的走势，而此时 K 线图上的股价却再次创出新高，形成一峰比一峰高的走势，这就是顶背离。顶背离现象一般是股价在高位即将反转的信号，表明股价短期内即将下跌，是卖出信号。

RSI 出现顶背离后，股价见顶的可能性较大。之所以说 RSI 顶背离就是股价见顶的标志，主要是由于当庄家拉高出货的时候，为了出货迅速，其拉高动作必然迅速而猛烈，而出货动作则要延续较长的时间和空间。这种特性就决定了庄家一次又一次地拉高股价，但是由于 RSI 指标主要是反映市场强弱的指标，而这种强势不再的走势无疑将促使 RSI 出现回落走势。

在实战中，RSI 指标出现顶背离是指股价在进入拉升过程中，先创出一个高点，RSI 指标也相应在 80 以上创出新的高点，之后股价出现一定幅度的回落调整，RSI 也随着股价回落走势出现调整。但是，如果股价再度向上并超越前期高点创出新的高点时，RSI 随着股价上扬反身向上，但没有冲过前期高点就开始回落，这就形成 RSI 指标的顶背离。RSI 出现顶背离后，股价见顶回落的可能性较大，是比较强烈的卖出信号。

### 三、RSI 指标的操作注意事项

对于超买超卖区的界定，投资者应根据市场的具体情况而定。一般市道中，RSI 数值在 80 以上就可以称为超买区，20 以下就可以称为超卖区。但有时在特殊的涨跌行情中，RSI 的超卖超买区的划分要视具体情况而定。比如，在牛市中或对于牛股，超买区可定为 90 以上，而在熊市中或对于熊股，超卖区可定为 10 以下（对于这点是相对于参数设置小的 RSI 而言的，如果参数设置大，则 RSI 很难到达 90 以上和 10 以下）。

连接 RSI 连续的两个底部，画出一条由左向右上方倾斜的切线，当 RSI 向下跌破这条切线时，为较好的卖出讯号；连接 RSI 连续的两个峰顶，画出一条由左向右下方倾斜的切线，当 RSI 向上突破这条切线时，为较好的买进讯号。事实上这只是短线买卖讯号，中线效果并不十分好。

# BOLL 指标止损策略

## 一、认识 BOLL 指标

BOLL 指标，即布林线指标，由约翰·布林先生创造，其利用统计原理，求出股价的标准差及其信赖区间，从而确定股价的波动范围及未来走势，利用波带显示股价的安全高低价位，因而也被称为布林带（如图 6-4）。

布林线指标是通过计算股价的"标准差"，再求股价的"信赖区间"。该指标在图形上画出三条线，其中上下两条线可以分别看成是股价的压力线和支撑线，而在两条线之间还有一条股价平均线，布林线指标的参数最好设为 20。一般来说，股价会运行在压力线和支撑线所形成的通道中。

股价通道的宽窄随着股价波动幅度的大小而变化，而且股价通道又具有变异性，它会随着股价的变化而自动调整。正是由于它具有灵活性、直观性和趋势性的特点，BOLL 指标渐渐成为市场上投资者广为应用的热门指标。

图 6-4　BOLL 指标

## 二、BOLL 指标的止损技巧

BOLL 指标中的上、中、下轨线所形成的股价通道的移动范围是不确定的，通道的上下限随着股价的上下波动而变化。在正常情况下，股价应始终处于股价通道内运行。如果股价脱离股价通道运行，则意味着行情处于极端的状态下。

一般而言，当股价在布林线的中轨线上方运行时，表明股价处于强势趋势；当股价在布林线的中轨线下方运行时，表明股价处于弱势趋势。当股价刚刚经历一轮大跌行情时开始出现布林线的三条线横向移动，表明股价是处于下跌阶段的整理行情，投资者应以持币观望和逢高减磅为主，一旦三条线向下发散则坚决清仓离场。当布林线的上、中、下轨线同时向下运行时，表明股价的弱势特征非常明显，股价短期内将继续下跌，投资者应坚决持币观望或逢高买出。

单边上升行情在一个强势市场中，股价连续上升，通常股价会运行在通道之间，当股价连续上升较长时间，股价上穿上轨，次日又下穿上轨且进一步打破平衡时，布林线出现由上升转平的明显拐点，出现卖点。

当价格运行在中轨区域时，说明市场目前为盘整震荡行情，对趋势交易者来说，这是最容易赔钱的一种行情，应回避，空仓观望为上。当价格在中轨附近震荡，上下轨逐渐缩口时，此是大行情来临的预兆，应空仓观望，等待时机。

布林线已持续开口，股价冲出布林线上轨 2 天以上，乖离率等远离短期均线的，可盘中果断逃顶，以 SAR 指标止盈清仓，以便对短线利润有更为积极的把握。其股价上攻布林轨乏力，往往会出现无力触上轨，股价触轨而与布林线极限背离是这类滞涨股波段逃顶的关键。另外，ASI 等量能不济，RSI、KDJ 此时往往已有顶背离等可靠的卖出讯号。

当 K 线在布林线上方向上运行了一段时间后，如果 K 线的运动方向开始掉头向下，投资者应格外小心，一旦 K 线掉头向下并突破布林线上轨时，预示着股价短期的强势行情可能结束，股价短期内将大跌，投资者应及时短线卖出股票、离场观望。特别是对于那些短线涨幅很大的股票。

当 K 线向下跌破布林线中轨时，如果股价也先后跌破中短期均线，则意味着股价的中短期向下阴跌趋势开始形成，这是布林线指标揭示的中短期卖出标志。当 K 线向下突破布林线中轨后，如果股价被布林线中轨压制下行，则意味着股价的中短期下降趋势已经形成，这是布林线指标揭示的持币观望标志。

当 K 线从布林线中轨上方向下突破布林线的中轨时，预示着股价前期的强势行情已经结束，股价的中期下跌趋势已经形成，投资者应中线及时卖出股票。如果布林线的上、中、下线也同时向下则更能确认。

通道缩口后的突然扩张状态。意味着一波爆发性行情来临，此后，行情很可能走单边，可以积极调整建仓，顺势而为。当布林通道缩口后，在一波大行情来临之前，往往会出现假突破行情，这是主力的陷阱，应提高警惕，可以通过调整仓位化解。布林通道的时间周期应以周线为主，在单边行情时，所持仓单已有高额利润，为防止大的回调，可以参考日线布林通道的原则出局。

### 三、BOLL 指标的操作注意事项

BOLL 指标是利用"股价通道"来显示股价的各种价位，当股价波动很小，处于盘整时，股价通道就会变窄，这可能预示着股价的波动处于暂时的平静期；当股价波动超出狭窄的股价通道的上轨时，预示着股价的异常激烈的向上波动即将开始；当股价波动超出狭窄的股价通道的下轨时，同样也预示着股价的异常激烈的向下波动将开始。

当市场进入横向整固状态时，布林线常会收窄，均线走平。当布林线口子越收越小时，一定要看其他指标综合判断，密切关注消息面的变化，毕竟消息面总是扮演着市场催化剂的角色。

# SAR 指标止损策略

### 一、了解 SAR 指标

SAR 指标又叫抛物线指标或停损转向操作点指标，其全称叫"Stopand

Reveres"，缩写SAR，是由美国技术分析大师威尔斯·威尔德（Wells Wilder）所创造的，是一种简单易学、比较准确的中短期技术分析工具。这种指标与移动平均线的原理颇为相似，属于价格与时间并重的分析工具。由于组成SAR的点以弧形的方式移动，故称"抛物转向"（如图6-5）。

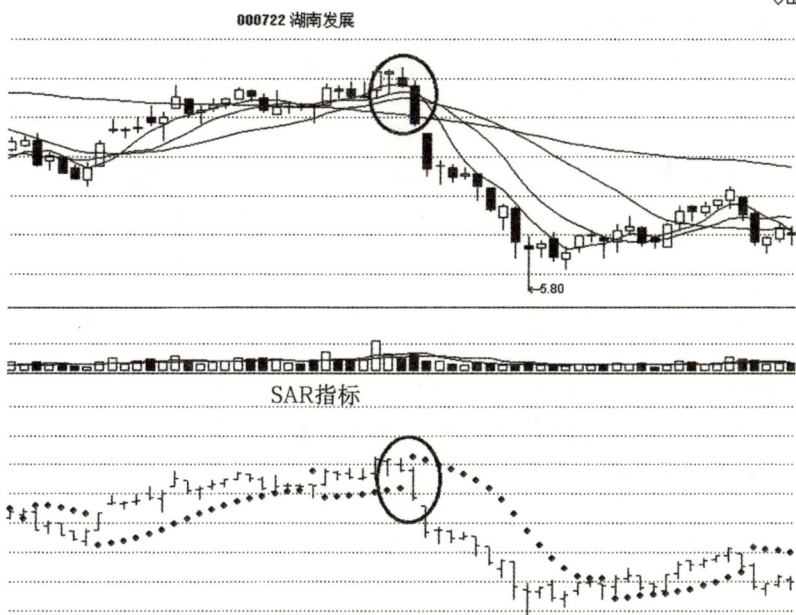

图 6-5　SAR 指标

SAR指标有两层含义。一是"stop"，即停损、止损之意，这就要求投资者在买卖某个股票之前，先要设定一个止损价位，以减少投资风险。而这个止损价位也不是一直不变的，它是随着股价的波动而不断调整的。

SAR指标的第二层含义是"Reverse"，即反转、反向操作之意，这要求投资者在决定投资股票前先设定个止损位，当价格达到止损价位时，投资者不仅要对前期买入的股票进行平仓，而且在平仓的同时可以进行反向做空操作，以谋求收益的最大化。

由于SAR指标简单易懂、操作方便、稳重可靠等优势，因此，SAR指标又称为"傻瓜"指标，被广大投资者特别是中小散户普遍运用。

## 二、SAR 指标的止损技巧

SAR 指标又称为抛物线指标，随着股价的逐步上涨，SAR 上升的速度会加快，一旦股价上涨的速度跟不上 SAR，或者股价反转下跌，SAR 都会紧紧盯着，一见苗头不对，投资者可以顺着股价跌破 SAR 的讯号溜之大吉。该指标代表应买进或抛售价位及转折点。但盘整时该指标无效。

当股票股价从 SAR 曲线上方开始向下突破 SAR 曲线时，为卖出信号，预示着股价一轮下跌行情可能展开，投资者应迅速及时地卖出股票。当股票股价向下突破 SAR 曲线后继续向下运动而 SAR 曲线也同时向下运动，表明股价的下跌趋势已经形成，SAR 曲线对股价构成巨大的压力，投资者应坚决持币观望或逢高减磅。

SAR 指标具有极为明确的止损功能，其止损又分为买入止损和卖出止损。买入止损是指当 SAR 发出明确的买入信号时，不管投资者以前是在什么价位卖出的股票，是否亏损，投资者都应及时买入股票，持股待涨。卖出止损是指当 SAR 指标发出明确的卖出信号时，不管投资者以前是在什么价位买入股票，是否赢利，投资者都应及时卖出股票，持币观望。

当一个股票的股价在 SAR 指标上方并依托 SAR 指标一直向上运动时，投资者可一路持股待涨，直到股价向下突破 SAR 指标的支撑并发出明确的卖出信号时，再去考虑是否卖出股票。

在软件分析系统中，SAR 指标中的股价曲线以美国线来表示，而 SAR 曲线是由红色和绿色的不同圆圈组成，每个圆圈对应一个交易时期（如一个交易日、周、月等）。当美国线运行在 SAR 曲线的上方时，表明当前股价是处于连续上涨的趋势之中，这时 SAR 指标的圆圈以红色表示，它意味着投资者可以继续持有股票。此后投资者可以用 SAR 数值的多少和红圆圈的存在作为止损标准。一旦股票的收盘价跌破 SAR 所标示的价位并且 SAR 指标的红圆圈消失，就应该及时卖出股票。

## 三、SAR 指标的操作注意事项

SAR 指标操作简单，买卖点明确，出现买卖信号即可进行操作，特别适合于入市时间不长、投资经验不丰富、缺乏买卖技巧的中小投资者使用。适合于连续拉升的"牛股",不会轻易被主力震仓和洗盘;适合于连续阴跌的"熊股",不会被下跌途中的反弹诱多所蒙骗,适合于中短线的波段操作。使用SAR指标虽不能买进最低价,也不能卖出最高价,但可以避免长期套牢的危险,同时又能避免错失牛股行情。

抛物线指标SAR对市场变化有较强的敏感力,当股价与抛物线SAR指标产生背离时,抛物线指标SAR便出现停损信号,此时就应该采取"停损操作"。投资者在应用其他技术分析指标买入股票后,若股价出现意外的下跌,那么就应该用抛物线指标SAR来帮助自己的"停损操作"。

# TWR 指标止损策略

## 一、了解 TWR 指标

TWR指标,又称为宝塔线指标,是一种与K线及点状图相类似并注重股价分析的中长期技术分析工具。它并非记载每天或每周的股价变动过程,而是当股价续创新高价(或创新低价),抑或反转上升或下跌时,再予以记录,绘制。

TWR指标是以不同颜色(或虚实体)的棒线来区分股价涨跌的一种图表型指标。它主要是将股价多空之间的争斗的过程和力量的转变表现在图表中,借以研判未来股价的涨跌趋势及选择适当的买卖时机(如图6-6)。

图 6-6　宝塔线

　　TWR 指标主要是运用趋势线的原理，引入支撑区和压力区的概念，来确认行情是否反转。对于行情的发展所可能产生的变化方向，不做主观的臆测，而是做客观的研判。

### 二、TWR 指标的止损策略

　　当股价经过一段很大的涨幅后，在中高位区域滞涨盘整时，一旦 TWR 指标出现三平顶翻黑形态，并且股价也几乎同时向下跌破中长期均线，这意味着股价一轮新的跌势的开始，这是 TWR 指标发出的卖出信号。此时，投资者应及时清仓离场。

　　宝塔线在持续上涨时，出现三平顶翻阴，5 日趋势线转头向下是卖出信号。宝塔线连续阴线，5 日趋势线随后，是持续下跌形态。特别需要注意的是宝塔线有时二平顶或二平底也能发生转市，但在熊市当中宝塔线出现多平底，也不能买入股票。

　　当 TWR 指标在中低位翻红（或白）后，只要 TWR 线放出一连串的红（或白）色实体，并且股价依托中短期均线向上运行时，说明股价的强势依旧，股价还将继续上攻，这是 TWR 指标发出的持股待涨信号。此时，投资者应坚决持股待涨。

当 TWR 指标在高位翻黑向下后，只要 TWR 线放出一连串黑色实体而没有明显的翻白的现象，同时股价也被中短期均线压制下行时，说明股价的跌势依旧，这是 TWR 指标发出持币观望信号。此时，投资者应以持币观望为主。

当股价在一段幅度的盘整区间中维持小翻白、小翻黑状态时，只要这个盘整区间没有被突破，说明股价的整理态势没有结束，投资者可以选择持股或持币观望。当股价维持高位盘整，而且出现实体很长的黑色棒线向下突破盘整的区间时，说明股价高位盘整的态势已经结束，将进入一个比较长时间的下跌行情。此时投资者应及时卖出股票，离场观望。

当股价经过一段时间的幅度较大的上涨行情后，如果股价的 K 线在高位出现一根实体较长向下突破的阴线后，宝塔线也出现一根实体较长的向下黑棒线，说明股价的跌势已经开始，投资者应及时卖出股票。当 TWR 指标在高位翻黑向下后，只要 TWR 线放出一连串黑色实体而没有明显的翻白现象，同时股价也被中短期均线压制下行，说明股价的跌势依旧，这是 TWR 指标发出持币观望信号。此时，投资者应以持币观望为主。

TWR 线翻黑则为卖出时机，股价将会延伸一段下跌行情。盘局时 TWR 线的小翻白，小翻黑可不必理会。盘局或高档时 TWR 线长黑而下，宜立即获利了结，翻黑下跌一段后突然翻白，可能是假突破，不宜抢进，最好配合 K 线及成交量观察数天后再作决定。TWR 线适合短线操作之用，但是最好配合 K 线，移动平均线及其他指标一并使用，可减少误判的机会，如 10 日移动平均线走平，宝塔线翻黑，即须卖出。

### 三、TWR 指标的操作注意事项

宝塔线可以显示适当的买进与卖出时机。它一般只以每日收盘价做为唯一的取值参数，过滤了 K 线图中很多庄家的骗线。从某种意义上讲，只要股价趋势是上涨的，TWR 线会一直保持红的实体向上，特别是在跟踪强势股的走

势中屡试不爽（弱势时候宝塔线易受骗线影响）。

一般而言，按照 TWR 线指标所揭示的方法去买卖股票，虽然有在次高点卖出股票或在次低点买入股票可能会造成部分获利的损失，但这种方法不会错失涨升的继续或避免下跌行情的继续，也不会轻易在上升途中的盘整行情中被震仓出局。因此，TWR 线指标比较适合稳健操作的投资者。

## 第七章

# 与套牢说再见——其他形态快速止损策略

## 趋势线止损策略

### 一、认识趋势线

所谓趋势线，就是根据股价上下变动的趋势所画出的图线，画趋势线的目的，即依其脉络寻找出恰当的卖点与买点。趋势线可分为上升趋势线、下降趋势线与横向整理趋势线。

趋势线属于切线理论的一部分，它是将波动运行的股价的低点和低点连接或高点和高点连接而形成的直线。如果股价是按一个低点比一个低点高的运行方式来运行，所画出来的趋势线就是上升趋势线；如果股价是按一个高点比一个高点低的运行方式来运行，所画出来的趋势线就是下降趋势线。还有一种是股价的低点和高点横向延伸，没有明显的上升和下降趋势，这就是横盘整理或称为箱形整理。

在一个价格运动当中，如果其包含的波峰和波谷都相应的高于前一个波峰和波谷，那么就称为上涨趋势；相反的，如果其包含的波峰和波谷都低于前一个波峰和波谷，那么就称为下跌趋势；如果后面的波峰与波谷都基本与前面的波峰和波谷持平，那么就称为振荡趋势，或者横盘趋势，或者无趋势。

趋势根据时间的长短，可以划分为长期趋势、中期趋势和短期趋势。

107

### 二、趋势线止损策略

趋势线常可以和成交量配合使用，股价从下向上突破压力线时，往往需要大成交量的支持，如果没有成交量支持的突破，在很多时候是假突破。趋势线的角度至关重要，过于平缓的角度显示出力度不够，也就是大家常说的"肉股"，不容易马上产生大行情；过于陡峭的趋势线则不能持久，往往容易很快转变趋势。

趋势线表明当股价向固定方向移动时，它非常有可能沿着这条线继续移动。当上升趋势线跌破时，就是一个出货讯号。在没有跌破之前，上升趋势线就是每一次回落的支持。一只股票随着固定的趋势移动时间越久，趋势就越是可靠。在长期上升趋势中，每一个变动都比改正变动的成交量高，当有非常高的成交量出现时，这可能是中期变动终了的信号，紧随着而来的将是反转趋势。

长期趋势的时间跨度较长，通常在一年以上；中期趋势的时间跨度要短于长期趋势，而大于短期趋势，通常为 4 ～ 13 周；短期趋势时间较短，一般在 4 周以内。一个长期趋势由若干个中期趋势组成，而一个中期趋势由若干个短期趋势组成。投资者在分析趋势的过程中，应按照从长到短的原则，先分析长期趋势，再分析中期趋势，最后分析短期趋势。长期管中期，中期管短期，而中期趋势至关重要。

趋势线的使用方法非常简单，股价在支撑线上方向下突破支撑线时，应卖出股票，并到下一根支撑线的位置寻找买点；股价在压力线下方向上突破时，应买入股票，并到上一根压力线的位置寻找卖点。

在中期变动中的短期波动结尾，大部分都有极高的成交量，顶点比底部出现的情况更多，不过在恐慌下跌的底部常出现非常高的成交量，这是因为在顶点，股市沸腾，散户盲目大量抢进，大户与做手乘机脱手。于底部，股市经过一段恐慌大跌，无知散户信心动摇，贱价就卖，而此时已到达长期下跌趋势的最后阶段，于是大户与做手开始大量买进，造成高成交量。

在下跌趋势中，发现股价突破下方的支撑线时，可能新的下跌趋势轨道即将产生。股价在上升行情时，一波的波峰会比前一波峰高，一波的波谷会比前一波谷高；而在下跌行情时，一波的波峰比前一波峰低，一波的波谷会比前一波谷低。处于上升趋势轨道中，若发现股价无法触及上方的压力线时，即表示涨势趋弱了（如图 7-1）。

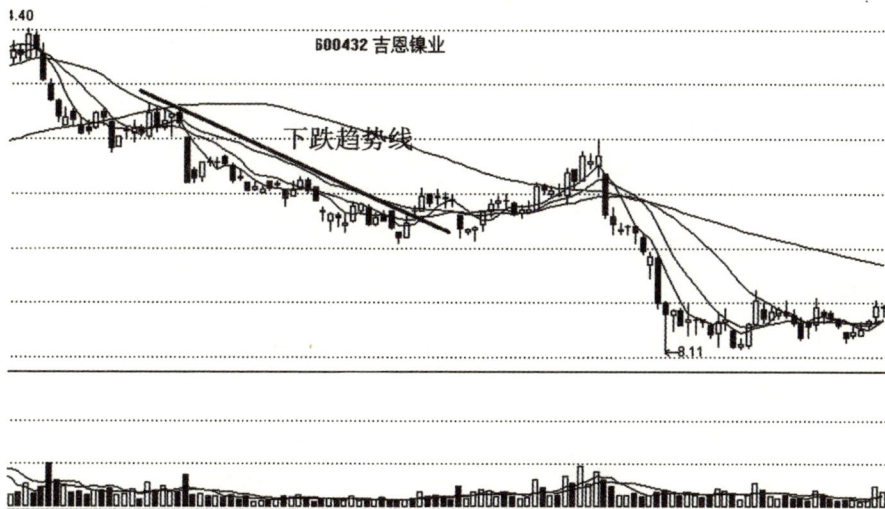

图 7-1　趋势线

趋势线与水平所成的角度越陡，越容易被一个短的横向整理所突破，因此越平越具有技术性意义。股价的上升与下跌，在各种趋势之末期，皆有加速上升与加速下跌的现象。因此，市势反转的顶点或底部，大都远离趋势线。

### 三、趋势线的操作注意事项

股价对趋势线的突破一般以收盘价为标准，但很多时候投资者不应一定等到收盘，而应根据盘中的实际突破情况及时做出买卖决定，因为等到收盘，许多时候已经太晚了，第二天的跳高或跳低开盘将使你丢掉一大段行情或产生一大段损失。

# 通道线止损策略

## 一、认识通道线

通道线又称管道线，是在趋势线的反方向上画一根与趋势线平行的直线，且该直线穿越近段时期价格的最高点或最低点。这两条线将价格夹在中间运行，有明显的管道或通道形状，只要两个点能确立一根趋势线，那么与之反向的另一个价格最高点或最低点之处，就可画出一条与之平行的管道线（如图7-2）。

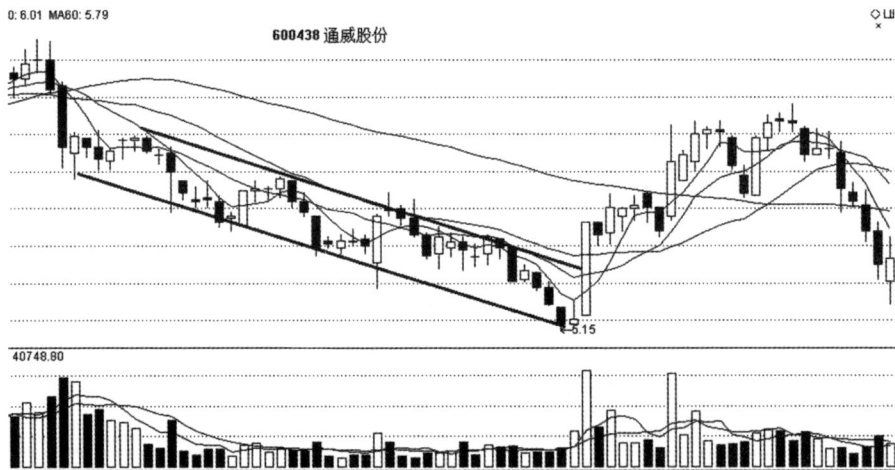

图 7-2　通道线

两条同时向上或者向下的平行线分别称为上轨和下轨，上轨可以视为压力线，而下轨为支撑线。理想情况下，通道线最好能接触到两个折返走势的低点或者高点。在牛通道中，这条通道线，也就是上轨，起着压力的作用，而在熊通道中，这条通道线，也就是下轨，起着支撑的作用。

## 二、通道线止损技巧

价格通道的上下两条轨道线成为价格后市波动的重要支撑线和阻力线，价格通常会在接近或触及两条轨道线后遇阻力或遇支持力而产生反向运动，直至趋势产生逆转。需要注意的是，主趋势线在趋势逆转之前不会被穿破，而通道线经常会被略微穿透。而一旦主趋势线被穿破，就可以认为价格趋势已经逆转。

在研究通道线的时候，有两个值得注意的现象。一个是当通道线被价格突破后，往往不会发生价格反抽的现象，即通道线不起支持回抽运动的作用；再一个是下降趋势中的管道线往往起不到支撑的作用，它们经常会被迅速跌破。

主趋势线被穿破后，价格通常会在短时间之内对其进行反扑（或称为回抽、反抽），但一般只是对穿破进行确认，价格很难再返回通道之内。值得注意的是，通道的轨道线被穿破后，价格通常要上升或下跌相当于通道宽度的距离，这也就是价格通道的目标量度功能。

通道线除了有限制价格运行空间的作用外，还有一个发出趋势转向的警报作用。如果价格在一次波动中未触及通道线，离通道线很远就开始掉头，这往往是趋势将要改变的信号，说明市场可能没有力量继续维持原有的上升或下降的趋势了。如果趋势线随即被价格突破，那么突破后的价格运动空间至少等于价格未到通道线的距离，或者等同于通道的宽度。该原理和效果也适用于价格远离趋势线就开始掉头的情况，只是结果恰恰相反。

在技术分析中，价格通道分析占据非常重要的地位。当上轨与下轨的倾向方向向下时，我们称其为熊通道。只要价格在通道中不断下降，便可以认为趋势是下跌的。当价格继续下跌不能到达通道线（下轨）便回升时，那么就发出了一个警告。当价格进一步升破趋势线时，可以作为下跌趋势停顿或者下跌趋势反转的确认信号。如果价格突破下轨（支撑线），则是一个熊性的表现，表示下跌正在加速。

同趋势线一样，通道线也有被确认的问题。在上升通道线中，如果价格每到通道线附近就开始掉头，说明这条通道线是被市场认可的。当然，通道线被价格触及的次数越多，有效维持的时间越长，其被市场认可的程度就越高。

通道一旦得到确认，那么价格将在这个通道里变动。如果通道线一旦被价格有效突破，往往意味着趋势将有一个较大的变化。当通道线被价格突破后，趋势上升的速度或下降的速度会加快，会出现新的价格高点或低点，原有的趋势线就会被废止，要重新依据价格新高或新低来画趋势线和管道线。很多交易者就是利用价格突破通道线的时机来进行加仓或减仓的。

总体来说，通道线和趋势线是相互作用的一对，先有趋势线，后有通道线，但趋势线比通道线重要得多，也更为可靠。同时，趋势线可独立存在，而通道线则不行。通道线是与趋势反向的价格回归运动的体现，但价格回归运动并不一定非要划根通道线来说明自身的存在，通道线只是体现了这种价格回归运动规律的可视性。

### 三、通道线的操作注意事项

在牛通道中，一些交易者会在价格回撤到趋势线（下轨）时买进，在熊通道中，一些交易者会在价格反弹到主趋势线（上轨）时卖出。与其他价格形态一样，价格通道的买进卖出同样需要结合其他技术分析方法来确认买卖信号。

# 跌破缺口形态止损策略

### 一、认识缺口形态

缺口在技术性分析中有十分重要的作用，从有图表开始，缺口就一直引起分析者的注意。不过，从缺口分析未来市势变化并不容易，而且有关缺口的理论也经常引起分析者的争论。这并非是缺口理论出现错误，而是因为有些一知半解的人对缺口缺乏全面的认识，加上缺口种类不易分辨，因此，在实际应用方面，意见经常出现分歧。

股价在快速大幅变动中有一段价格没有任何交易，显示在股价趋势图上是一个真空区域，这个区域称为"缺口"，通常又称为"跳空"。当股价出现缺口，经过几天，甚至更长时间的变动，然后反转过来，回到原来缺口的价位让时，称为"缺口的封闭"，又称"补空"（如图7-3）。

图 7-3　下跌缺口

从日K线图看，缺口的形成是因为一只股票某天最低成交价格比前一天的最高价格还要高，或是某天的最高成交价格比前一天的最低成交价格还要低。缺口分普通缺口、突破缺口、持续性缺口与消耗性缺口等四种。从缺口发生的部位大小，可以预测走势的强弱，确定是突破，还是已到趋势之尽头。它是研判各种形态时最有力的辅助材料。

## 二、跌破缺口形态的止损技巧

缺口往往是在外界突发因素刺激下，由于多空双方的冲动情绪造成的，事后经过市场时间对刺激因素的逐步消化，以及买卖双方理智的逐渐恢复，理论上缺口都会出现回补现象。一般而言，缺口若不被下一个次级行情封闭，则有可能由下一个中级行情回补，时间若更长，将由下一个原始趋势所封闭。

在成交密集的反转或整理形态完成之后，股价突破阻力或跌破支撑时出现大幅度上涨或下跌所形成的缺口，称为突破缺口。这种缺口的出现一般视为股价正式突破的标志。在股价向上突破时，必带有大成交量的配合。缺口越大，股价未来的变动越剧烈。

突破缺口标志着一轮行情升跌的开始，向上突破后其成交量必须继续放大，向下突破则不一定要求放大。缺口越大，后市趋势的力道越强。形成这种缺口的原因是其水平的阻力经过长时间的争持后，供给的力量完全被吸收，短暂时间缺乏货源，买进的投资者被迫要以更高价求货。又或是其水平的支持经过一段时间的供给后，购买力量完全被消耗，沽出的须以更低价才能找到买家，因此便形成缺口。有时候，趋势线的突破或平均线的升破与跌破，都可能形成缺口，这也是"突破缺口"。

突破缺口通常发生在一段价格整理区之后，当价格在交易密集区完成整理，并发生突破时，常以缺口形态显现出来，这种缺口便是突破缺口。

突破缺口是指股票价格向某一方向急速运动，远离原有形态所形成的缺口。突破缺口蕴含着极强的动能，因而常常表现为激烈的价格运动。突破缺口的分析意义极大，它一般预示行情走势将要发生重大的变化，而且这种变化趋势将沿着突破方向发展。

另外，突破缺口的出现，未来的波动会较没有突破缺口的波动为强。换言之，一个形态伴随着突破缺口的突破后，随后的上升（或下跌）会更快更多，往往较量度的最少升/跌幅为大。因此，两种不同股票同时出现突破时，我们应该选择买入有突破缺口出现的一只，而不是升幅较小的那一只。

从突破缺口到衰竭缺口实际上反映的是股价多空趋势，由产生到强盛到消亡的过程，因此它们是按次序出现的。对于个股而言，热门股的分析意义和效果比较肯定，但在冷门或全控盘庄股中，缺口分析的意义虽不可忽视，但较难作为判断股价趋势的指标，因为冷门全控庄股较少出现多空争斗情况，走势往往出现一边倒，完全由庄家控制。

### 三、跌破缺口形态的操作注意事项

突破缺口出现后会不会马上填补，可以从成交量的变化中观察出来。如果在突破缺口出现之前有大量成交，而缺口出现后成交相对减少，那么迅即填补缺口的机会只是各占一半。但假如缺口形成之后成交量明显增加，价格在继续移动远离形态时仍保持大量的成交，那么缺口短期填补的可能性便会很低了，就算出现后抽，也会在缺口以外。

由突破缺口形成的原因可知，突破缺口具有十分重要的价格讯号意义。突破缺口使得价格正式突破颈线，如果这个突破伴随着大量，则可以确认这个突破是一个有效的破突，为强烈的买进讯号。

# 跌破支撑线止损策略

## 一、了解支撑线

支撑线又称为抵抗线，是指当股价跌到某个价位附近时，股价停止下跌，甚至有可能还有回升，这是因为多方在此买入造成的。从供求关系的角度看，"支撑"代表了集中的需求，反映了股市供求关系的变化。

支撑线是图形分析的重要方法。支撑线的作用是阻止或暂时阻止股价向一个方向继续运动。股价的变动是有趋势的，要维持这种趋势，保持原来的变动方向，就必须冲破阻止其继续向前的障碍。比如说，要维持下跌行情，就必须突破支撑线的阻力和干扰，创造出新的低点；要维持上升行情，就必须突破上升的压力线的阻力和干扰，创造出新的高点。

## 二、跌破支撑线的止损技巧

支撑线和压力线是可以相互转化的，当股价从上向下突破一条支撑线后，原有的支撑线将可能转变为压力线；而当股价从下向上突破一条压力线后，原有的压力线也将可能转变为支撑线。在某些时候，我们发现，股价运行在两条相互平行的趋势线之间，上面的线为压力线，下面的线为支撑线，我们经常把这种情况称为箱形整理，一些投资者常根据支撑线压力线搏取短线差价。

在上升趋势的回档过程中，K线之阴线较先前所出现之阳线为弱，尤其接近支撑价位时，成交量萎缩，而后阳线迅速吃掉阴线，股价再上升，这是有效的支撑。在上升趋势的回档过程中，K线频频出现阴线，空头势力增加，即使在支撑线附近略作反弹，接手乏力，股价终将跌破支撑线。

一般若股价在某个区域内上下波动，并且在该区域内累积成交量极大，那么如果股价冲过或跌破此区域，它便自然成为支撑线或阻力线（如图7-4）。这些曾经有过大成交量的价位时常由阻力线变为支撑线或由支撑线变为阻力线：阻力线一旦被冲过，便会成为下个跌势的支撑线；而支撑线一经跌破，将会成为下一个涨势的阻力线。

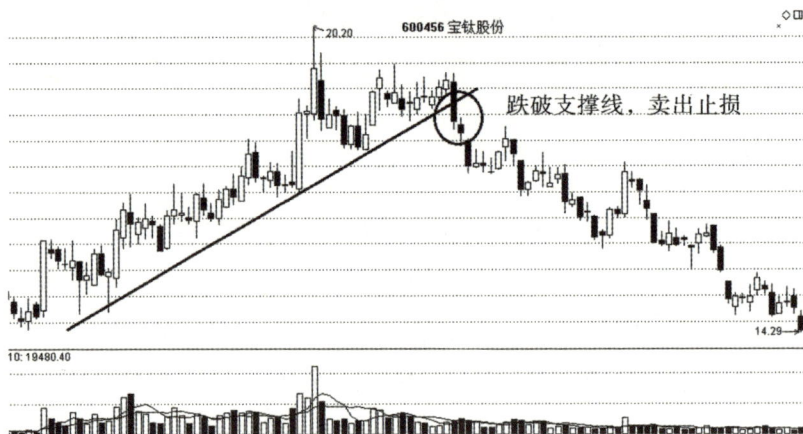

图 7-4 跌破支撑线

在支撑线附近形成盘档，经过一段时间整理，出现长阳线，支撑线自然有效。如果出现一根长阴线，股价将继续下跌一段。股价由上向下跌破支撑线，说明行情将由上升趋势转换为下降趋势。一般来说，在上升大趋势中出现中级下降趋势，如若行情跌破中级下降趋势的支撑线，则说明上升大趋势已结束；在中级上升趋势中出现次级下降趋势，如若行情跌破次级下降趋势的支撑线，则说明中级上升趋势已结束，股价将依原下降大趋势继续下行。

在上升趋势中，如果下一次未创出新高，即未突破压力线，这个上升趋势就已经处在很关键的位置了；如果再往后的股价又向下突破了这个上升趋势的支撑线，这就产生了一个趋势有变的很强烈的警告信号，这通常意味着这一轮上升趋势已经结束，下一步的走向是向下跌的过程。

股价由上向下接触支撑线，但未能跌破而掉头回升，若有大成交量配合，则当再出现下降调整时，即可进货，以获取反弹利润。股价由上向下跌破支撑线，一旦有大成交量配合，即说明另一段跌势形成，稍有回档即应出货，避免更大损失。股价由上向下接触支撑线，虽未曾跌破，但也无成交量配合，则预示无反弹可能，应尽早出货离场。

### 三、跌破支撑线的操作注意事项

投资者在实盘操作时要注意，由于股价的变动，你可能会发现原来确认的支撑线或压力线可能不真正具有支撑或压力的作用。比如说，不完全符合上面所述的三个条件时，就有一个对支撑线和压力线进行调整的问题，这就是支撑线和压力线的修正。对支撑线和压力线的修正过程其实是对现有各个支撑线和压力线、支撑和阻挡位置的确认，同时也是对我们已经"发现"的支撑和阻挡线重要性进行确认的过程。因为每条支撑或阻挡线在投资者看来其重要性或者意义程度并不完全相同，需要对其重要性进行较为详细的对比和确认。例如，价格到了某个区域，投资者可能心理非常清楚，它有可能在未来被突破并发展到另外一个区域的价格范围内，当然投资者也可能心理认定它不容易被突破，这些不同的认定，为投资者买入和卖出提供了参考的依据，不至于使得投资者的买卖决策完全凭直觉做出。

# 江恩线止损策略

### 一、认识江恩线

江恩角度线（GannFan），简称江恩线，又称作甘氏线，是国内投资者较常见的技术分析工具。角度线并非一般意义上的趋势线，它是根据时间价格两度空间的概念而促成的独特的分析体系。角度线是江恩最伟大的发明，它打开了时间与价格不可调和但密不可分的格局，从操作的角度说，这是技术理论中甚至是最有价值的一部分。

角度线是江恩理论系列中的重要组成部分，它具有非常直观的分析效果，根据角度线提供的纵横交错的趋势线，能帮助分析者作出明确的趋势判断。因而，角度线是一套"价廉物美"的分析方法，任何人花很少时间就可以轻松学会。

在日常的图表分析中，有很多分析者运用各种趋势线甚至通道对市场进行预测，效果也是有目共睹。然而，趋势线是在市势形成了一段颇为完整的形态后，通过各个波动的某些点位相互连线，使其形成一个具有明确方向的趋势。很明显，趋势线是在市势形成后才能行使其分析作用，若趋势未明朗或形成前，趋势线分析显得无所作为。

### 二、江恩线止损技巧

在诸多江恩角度线上，江恩认为11线往往起决定性作用，市场只要处在上升11线之上，就基本仍属于强势；若市场处于11线之下，说明市场已经走弱。当然这只是一种普遍现象，而且是比较笼统的说法，实际应用中应注意所分析的周期问题。

一旦在某条角度线上受到支持或阻力，就到了一个入货或出货的时机。两组或两组以上的江恩扇形相交叠所形成的会聚点具有强大的市场作用力。当时间与价格形成四方形时，市场转势就在眼前。江恩没有具体解释什么是时间与价格形成四方形，笔者认为是江恩阻力网。

显然，江恩线是在市势形成不久，在底部或顶部确立后（确定正确的起点），再找出特定的时间与价位比率（自有波动律）。这样一组预见未来趋势的江恩线立刻出现在眼前，只需细心观察市势发展，或沿着某一条角度线运行。

下降突破一条上升江恩角度线时，会向下一条角度线寻求支持，而且常常会在突破江恩线时发生回补现象；同理，上升突破一条下降江恩角度线时，也会向下一条角度线寻求阻力，而且也会发生回补现象。

经过多次突破之后，最后会在某一条角度线终止现有趋势，并发起新一轮与之前相反的趋势。只要市场价格在某一条江恩线上，市场或多或少都会受到这条线的支持作用；同时，只要市场价格在某一条江恩线下，市场或多或少都会受到这条线的阻力作用。

### 三、江恩线的操作注意事项

江恩角度线从实战角度一般很难单独作为技术工具，必须辅助其他技术方法。角度线代表空间和时间，通俗讲是支撑与阻力的表现，可以提供价格支撑与阻力的区间，当价格到达这一区域时，能否产生转身动作，很难通过角度线来判别。可以通过 MACD 或其他指标帮助判别，上行角度线和下行角度线组成立体的支撑与压力网，当价格到达相关区域时，依据指标的强弱进行买卖判别。但角度线可以做为分析工具，应用于中长期趋势中，其支撑与压力非常准确。

# 跌破心理价位止损策略

### 一、了解心理价位

心理价位是指自己认为某种股票应达到的某个价位——上升时应该上到什么价位，下跌时可能跌到什么价位。有了正确的心理价位，才能在波动的股市中顺势操作，稳操胜券。

人们的心理预期与市势的高低成正比，即市势升，心理预期也升，市势跌，心理预期也跌。当人们的心理预期接近或达到极端的时候，逆反心理开始起作用，并可能最终导致心理预期方向的逆转。

心理线（PSY）指标是研究投资者对股市涨跌产生心理波动的情绪指标。它对股市短期走势的研判具有一定的参考意义。心理线指标将一定时期内投资者趋向买方或卖方的心理事实转化为数值，从而判断股价的未来趋势。

### 二、跌破心理价位的止损技巧

#### 1. PSY 指标的取值

PSY 指标的取值始终处在 0 ~ 100 之间，0 值是 PSY 指标的下限极值，

100 是 PSY 指标的上限极值。50 值为多空双方的分界线。PSY 值小于 50 为
PSY 指标的空方区域，说明 N 日内上涨的天数小于下跌的天数，空方占主导
地位，投资者宜持币观望。PSY 在 50 左右徘徊，则反映近期股票指数或股价
上涨的天数与下跌的天数基本相等，多空力量维持平衡，投资者以观望为主
（如图 7-5）。

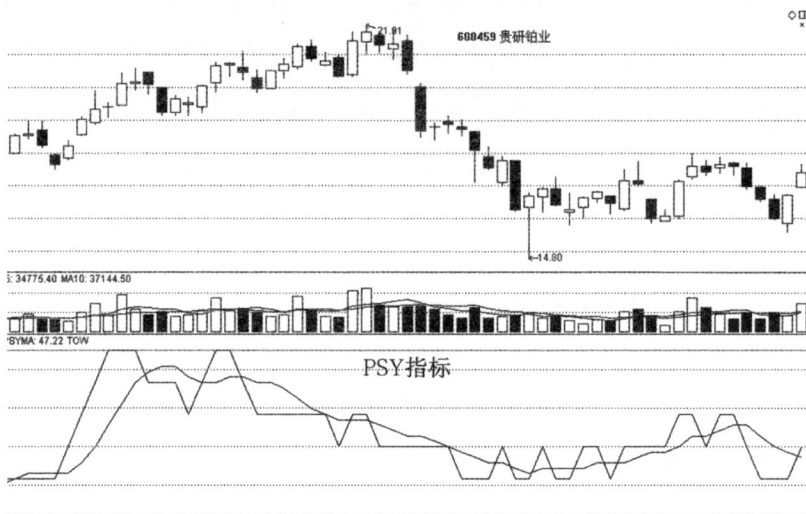

图 7-5　PSY 指标

PSY 指标在 25～75 之间为常态分布。PSY 指标主要反映市场心理的超买
超卖，因此，当心理线指标在常态区域内上下移动时，一般应持观望态度。如
果 PSY 指标百分比值 > 90，是极度超买，此时为短期卖出的有利时机。

当 PSY 指标百分比值超过 83 或低于 17 时，表明市场出现超买区或超卖
区，价位回跌或回升的机会增加，投资者应该准备卖出或买进，不必在意是否
出现第二次信号。

PSY 值大部分时间是处在 50 以下时，或者 PSY 值从 50 以上开始向下回
落跌破 50 线并继续向下滑落，表明空方力量过于强大，股价一路下跌。

### 2. PSY 曲线

当 PSY 曲线和 PSYMA 曲线同时向上运行时，为买入时机；相反，当 PSY
曲线与 PSYMA 曲线同时向下运行时，为卖出时机。而当 PSY 曲线向上突破

PSYMA 曲线时，为买入时机；相反，当 PSY 曲线向下跌破 PSYMA 曲线时，为卖出时机。

当 PSY 曲线向上突破 PSYMA 曲线后，开始向下回调至 PSYMA 曲线，只要 PSY 曲线未能跌破 PSYMA 曲线，都表明股价属于强势整理。一旦 PSY 曲线再度返身向上时，为买入时机；当 PSY 曲线和 PSYMA 曲线同时向上运行一段时间后，PSY 曲线远离 PSYMA 曲线时，一旦 PSY 曲线掉头向下，说明股价上涨的动能消耗较大，为卖出时机。

当 PSY 曲线和 PSYMA 曲线再度同时向上延伸时，投资者应持股待涨；当 PSY 曲线在 PSYMA 曲线下方运行时，投资者应持币观望。当 PSY 曲线和 PSYMA 曲线始终交织在一起，于一个波动幅度不大的空间内运动时，预示着股价处于盘整的格局中，投资者应以观望为主。

### 三、跌破心理价位止损的注意事项

贪婪型投资者的心理价位往往随着股价的上升而上升，结果常常被套牢。因此，稳健型的投资者在股票达到心理价位后，不应一味地贪多，而应及时获利了结或脱手解套。

投资者要总结经验，合理地修正心理价位，使之接近实际，从而在股市实践中获利。

一段下跌（上升）行情展开前，超买（超卖）的最高（低）点通常会出现两次。在出现第二次超买（超卖）的最高（低）点时，一般是卖出（买进）时机。由于 PSY 指标具有这种高点密集出现的特性，可给投资者带来充裕时间进行研判与介入。

## 下 篇

## 资金复位巧博弈——解套策略

# 第八章

## 遭遇投资陷阱——股市被套

## 正确认识被套现象

### 一、了解股市套牢现象

股市套牢，是指进行股票交易时所遭遇的交易风险。例如投资者预计股价将上涨，但在买进后股价却一直呈下跌趋势，这种现象称为多头套牢。相反，投资者预计股价将下跌，将所有股票放空卖出，但股价却一直上涨，这种现象称为空头套牢。

所谓"套牢"，指的是投资者预期股价上涨，但买进股票后，股价却一路下跌，使买进股票的成本已高出目前可以售得的市价的状况。也就是说，你处于亏损的状态，没法盈利卖出股票，一旦要了结，会有很大的损失。任何涉足股市的投资者，不论其股战经验多么丰富，都存在着在股市被套牢的可能性。投资者一旦被高价套牢，则应根据套牢状况，积极寻求解套策略。

### 二、寻找被套的原因

1. 没有设立止损点以控制损失。很多投资者遭受巨大损失就是因为没有设置合适的止损点，结果任其错误无限发展，损失越来越大。因此学会设置止损点以控制风险是投资者必须学会的基本功之一。

2.缺乏市场知识，是在股票买卖中遭受损失的最重要原因。用有限的资本过度买卖，也就是说操作过分频繁，在市场中做短线和超短线要求有很高的操作技巧，投资者在没有掌握这些操作技巧之前盲目做短线，常会导致不小的损失。一些投资者不注重学习市场知识，而是想当然办事或主观认为市场如何如何，或不会辨别消息的真伪，结果被误导，遭受巨大的损失。

### 三、正确对待被套个股

如果被套个股由于大盘运行趋势存在系统性风险，那就应该果断地认赔卖出股票；如果大盘处于非系统性风险状态下，则需要分析个股的现时状态。第一步是判断个股的中线趋势，方法是参考个股的重要均线和庄家行为意图。如果中线趋势变坏，应该考虑换股或卖出。第二步是判断个股的强弱。如果技术指标和大盘背景处于强势状态，被套的个股明显表现较弱，则需要换出部分仓位，这样可以提高资金效率。

## 解套宝典

买入股票被套是每个股民都不愿经历但又必须面对的事情。解套方法主要有被动解套和主动解套两种。被动解套：一般来说只要不是买在历史天花板上，随着时间推移都有解套并获利的可能，放着就是了。

主动解套：在低位多买点摊低成本，等价格涨到一个不很高的位置就可以解套。或者通过每一个波段运作，也可以很快实现解套。亏损不多的情况下，通过高抛低吸，波段操作弥补回来。

# 股票套牢的应对策略

股市永远在锯齿结构中前进，亏损、盈利、亏损、盈利……被套是一种常见的状态，甚至是深度被套也通常会遭遇。正确认识套牢，把握市场调整所创造的机会，是在股市里投资成功非常重要的环节。我们不但要学会正确面对盈利，更要学会正确面对套牢和亏损。其实被套并不可怕，亏损也并不可怕，关键是要学会处理各种被套的技巧，还有就是面对亏损的心态。有了这些知识和好的心态，就具备了反败为胜的可能。

## 一、认真选择，坚持到底

股价涨跌最终会反映公司基本面的变化。一些基本面好、成长性好、有机构重仓在场的股票，我们就要敢于择善固执，就要敢于"与之共存亡"，就要敢于拿"青春"赌明天。如果是优质个股，或质地较佳的股票，起码是这些票过了第一关。那么是捂股或是摊平成本就要涉及分析股票的最重要、最基础的量、价、时、空这四个要素了。股票被套牢后，只要尚未脱手，就不能认定投资者已亏血本。如果手中股票有发展前景，且整体投资环境尚未恶化，市场走势仍未脱离不明市场，则大可不必为一时套牢而惊慌失措，此时应采取的方法不是将套牢股票和盘卖出，而是坚定持有以不变应万变，静待股价回升解套之时。

择善固执有时候会冒很大的风险，需要你有足够独到的眼力来相中"善"之根本。巴菲特是择善固执的典型，无论市场如何震荡，他看好的公司和股票绝对不会放手，甚至敢于"与之共存亡"！眼力和意志成为巴菲特先生完成传世"股神霸业"之最强大的基础。

## 二、认清大盘所处的阶段

一般情况下，上升通道被连续击穿，重要均线被有效击破后，要对前期高位套牢的股票果断卖出。把握股市中大的入市、出市时机是十分重要的，顺势而为永远是成功的前提条件。同时我们要看清楚手中套牢股票所处的阶段，每只股票都有自己的股性，有的提前大盘止跌反弹，多数是同步于大盘运行，当然也会有滞后于大盘反弹或止跌的个股，所以对于不同套牢的股票我们要有不同的策略。

判断大盘涨跌趋势的重要标准就是成交量变化与重要均线方向变化。如果大盘的运行趋势有系统性风险的征兆，应该果断地认赔卖出股票，如果因为个股原因使你出现犹豫状态，也应该设立止损价格。如果大盘的运行趋势尚处于上涨或者横盘状态，则要重新分析个股的状态（如图8-1）。

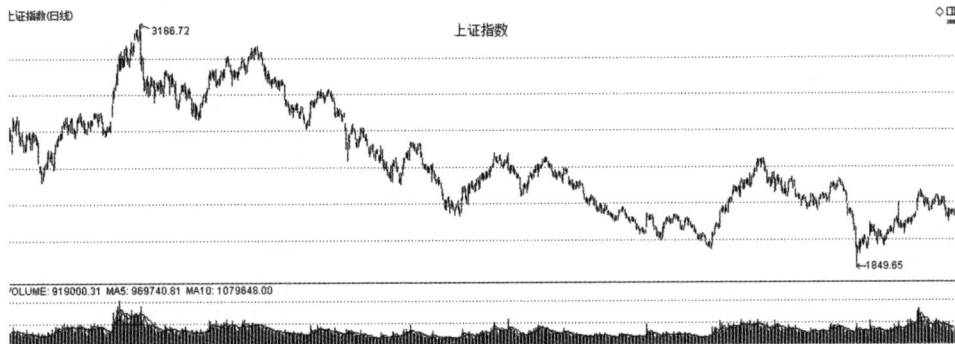

图 8-1　上证指数走势图

个股若有行情，股价必须呈高低点逐步抬高的走势或趋向。时间方面，一般先于大盘止跌企稳的个股，必将先于大盘反弹，先知先觉的定是主力，它反映了个股的主动性止跌的动能与趋向。而空间方面，我们则要观察其在下跌过程中有无下跌抵抗性平台，分析其成交密集区在哪里，理论上存在的反弹高度，分析其是否已具备补仓条件，补多少等问题。

### 三、及时止损出局

在风险出现的初期，如果你判断还会有很大的风险在后面，这时候需要有壮士断腕的勇气。壮士断腕，又称"止损"或"止盈"，是一个职业操盘手必备的心理素质。以快刀斩乱麻的方式停损了结，即将所持股票全盘卖出，以免股价继续下跌而遭受更大损失。采取这种解套策略主要适合于以投机为目的的短期投资者。因为处于跌势的空头市场中，短期投资者持有的时间越长，其损失也就越大。

止损策略适用于熊市初期，这时股指处于高位，后市的调整时间长，调整幅度深，投资者此时果断止损，可以有效规避熊市的投资风险。也可以采用"拨档子"的方式进行操作，即先停损了结，然后在较低的价位再补进，以减轻或轧平上档解套的损失。

由于这世界上绝大多数投资人都不具备巴菲特式的眼光和智慧，所以对自己的投资不可能有绝对的信心。因此，"止损"是一种保护自己的有效技巧，"留得青山在，不怕没柴烧"，等待机会卷土重来才是明智之举。

### 四、正确的心态

炒股的人几乎都被套牢过，这是一个人人不愿提起，但又人人不能回避的问题。既然不能简单回避，就要勇敢地面对它，找出适合自己的解套方案。首先不能慌，千万不要情绪化地破罐破摔，或盲目补仓，或轻易割肉。不要把套牢看作一种灾难，如果应变得法，它完全有可能演变成一种机遇。

"冰冻三尺，非一日之寒"，股市长年累月积累的弊病不是一般性的利好能够化解的。市场从最高点震荡下落，成批套牢的投资者，短时间内要解套，恐怕不是那么容易。每一种解套策略都有其特点，各种策略适用的时机也各不相同，投资者需要在股市运行的不同阶段中，采用不同的解套策略。

# 了解解套的方法

在瞬息万变的股市中，散户也好，机构也罢，没有不曾被套的，只是被套的程度不同罢了。那么，被套之后如何解套呢？以下是常用的几种解套方法。

### 一、分步解套法

分布解套法适用于平衡市且套得较深的股票，但在牛市中不太适用。如果手中有多只股票被套，应利用板块轮动的特点，集中资金，选择先启动的个股进行操作，在上升通道中低吸高抛，等解套后再对其他股票一一击破。当股市处于弱势时，由于获利比较困难，不宜进行操作。

该方法的理念是低买高卖，逐步降低成本，缩小亏损。其优点在于操作手法变换多样，不拘一格，主动出击，如果操作得当，解套速度快。缺点在于对个人时间、精力、能力要求较高，频繁操作有一定的成本压力，操作不当也容易造成更大的亏损。

## 二、止损解套法

该法常使用于熊市初期，尤其适用于追涨、投机性买入和股价在高位的股票急跌时。中小股民遇到股票下跌往往都不愿认赔，希望股价再次上涨挽回损失，而往往事与愿违。其实此时适用止损解套法，该法的理念是"好汉不吃眼前亏"，少亏则赢。

止损解套法对满仓深套的人尤其适用，优点是解套效率高，常常能一步解套，缺点是有一定的做空风险。操作原则：一是要果断，不要错过止损的机会。投资者如果能在高点回落时及时止损，则低位回补解套的机会是很多的；二是避免在低位操作，当明显感觉股指将深幅下挫时，对于涨幅过大、非合理估值范围内的个股，应第一时间止损。同时，也要设置回补，即发现股价跌不下去时及时回补，以免踏空。

当个股放量下跌，出现异常卖盘时，说明主力资金无力护盘或获利出场意愿强烈，应果断止损。如果股价快速下跌，而你未能在第一时间抽身，就不要再恐慌杀跌，因为经过深幅快速下跌后的股市极易反弹，投资者可趁大盘反弹时卖出。该方法的操作要领在于投资者对大势和个股要有正确的判断，还需要有当机立断和承受亏损的心理素质。

## 三、摊平解套法

向下摊平的操作方法，即随股价下挫幅度扩增反而加码买进，从而均低购股成本，以待股价回升获利。采取此做法，必须以确认整体投资环境尚未变坏，股市并无由多头市场转入空头市场的情况发生为前提。否则，极易陷入愈套愈多的窘境。

该方法适用于轻仓的投资者，其优点是不管套得有多深，若操作得当，一有反弹即可解套。缺点在于如果未能把握好摊平时机，将会放大风险，越套越深。

在使用该方法前必须确认股市未进入熊市，否则容易愈陷愈深。当出现股价见底或者有止跌反弹迹象时，逢低补仓，降低成本。在操作过程中，投资者首先要有足够的资金，避免因再次操作失误陷入无法自拔的境地；其次要确认所买股票估值合理或偏低，未来有反弹趋势。该方法的操作要领在于保证底部介入，摊平时机选择决定成败。

### 四、换股解套法

该法适用于基本面趋弱或无资金关照的股票，主要是卖出弱势股，买入强势股，以新买品种的盈利抵消前者的损失。该方法的理念是追求资金解套而非股票解套，追求利益最大化。优点是不受原被套股票的束缚，能有效控制风险；缺点是换股失误会赔了夫人又折兵，增加新的风险。

换股的思路之一是换进比自己手中股票跌幅更大的个股，换进的个股除了跌幅巨大外，还需要市盈率足够低，行业具有一定的成长性，这样的股票跌幅巨大的原因多半是因突发性利空而被错杀，反弹过程中的涨幅也会比较大；换股的思路之二是把握阶段性反弹展开时的市场热点，短线热点的涨幅总是领先于其他个股，这种换股法对投资者的市场感觉要求较高，没有一定市场经验者不宜如此操作，以免卖了低位个股反而被套在高位个股中。换股不等于卖出后要立即买入，应在走强时再行介入，以避免再次套牢。

### 五、死捂解套法

该策略通常使用于牛市或熊市末期。适用于买入价位较低、适合长线投资的股票。优点是无须增量资金，无操作难度，缺点是消极被动，会错失许多投资机会，部分股票可能不能解套。如牛市期间，市场处于高位，新进入者常面临今买明跌的情况，但事实是，牛市中的每次调整只是对以前获利盘的消化和整理，只要牛市的上升轨迹不变，企业依然优质，股价必然迭创新高，解套指日可待。而熊市末期，股票价格处于底部区域，低于实际价值，交易不活跃，成交萎缩，盘面主要呈现横盘整理之态，此时下跌空间有限，不宜盲目做空或止损。不如选择牢牢捂住优质股，耐心等待，以不变应万变。

操作原则：一是捂绩优不捂绩差，许多原深套的大盘蓝筹股、绩优科技股都创了新高；二是捂低不捂高，股价必须尽量接近底部区域，如股价在中高位，则宜采取更加积极的解套策略（如止损法）。该方法的操作要领在于坚守价值投资理念，耐心持有。

### 六、做空解套法

有人认为中国股市没有做空机制，不能做空，这是错的，被套的股就可以做空。操作原则：当发现已经被深套而无法斩仓，又确认后市大盘或个股仍有进一步深跌的空间时，可以先把套牢股卖出，等到更低的位置再买回，达到有效降低成本的目的。

# 分析解套的误区

凡是进入股市的投资者，大多都经历过被套的痛苦，也会去寻找解套的各种方法。但是，投资者在解套过程中存在一些认识上的误区需要注意。

### 一、坚持不卖不赔

第一个误区是"被套不怕，不卖就不赔"，有这种想法很可怕，因为谁也不知道股票要跌到哪里去。股票趋势下跌的时候，认为通过"补仓"就可以解套，结果是越套越惨，到真正底部的时候，就没钱补仓了。没有止损概念是导致股民亏损的最大原因。

只要介入股票市场，就是买入做多，清仓是全部卖出，盈亏在先买后卖中得到结果。于是就有不少投资者认为自己买了之后不卖，不就看不到亏损的结果了吗？其实这是"鸵鸟反应"，意思是说投资者像鸵鸟一样，遇到危险时就把头埋进沙子里，以为这样就没有危险了。

买的时候要谨慎，卖的时候要果断。如果套得不深，并且认为大盘还要下降，就要勇敢地止损，而后在低位再把股票买回来。实际上，一出一进，你还是赚了。

只要买入操作完成，你的成本就已经确定，这个确定的成本相对市场现价的盈亏，时刻都体现在账面上，这就是浮动盈亏。有些投资者之所以有"不卖就不亏"的想法，在于他们认为浮动亏损不是真正的亏损。其实，盈亏的现实并不因为没有完成先买后卖的完整过程而消失，浮动亏损就是实际亏损，它是一种真实的客观存在，并不因为没有兑现而变成幻觉。

## 二、补仓

投资者在实际的解套操作中，经常存在着一种误区：就是用空仓的资金去摊平被套的股票，降低套牢本钱，等待大势好转时，再伺机保本卖出。这种方法固然也算是一种解套方式，但其中却存有弊端，假如投资者被套的股票基本面情况较差，或不属于当前行情的热门，那么，即使大势好转，这类股票的涨幅也相对滞后。相对于自己后期投入的资金而言，就是一种资金上的铺张。

趋势向下的时候，补仓的结果只能是赔得更惨。我们不能跟基金比，基金有的是钱，他们可以在自己判断的位置砸入大量的钱，而我们资金有限，真正到了底部的时候，我们可能早就没钱补仓了。摊平法操作只是以盈补亏，况且在一只股上如此加码还会有"鸡蛋放在一只篮子里"的危险，弄不好会越加越重，越陷越深。

因此，投资者实施解套操作时，要开拓视野，抛却不合理的惯性思维。在经历了漫长的熊市调整以后，不要将宝贵的空仓资金用于摊平失去活力的被套股票，而是要将资金用在刀刃上，选择当前行情的热点板块或龙头类个股。投资者只要在这类个股的炒作中获取了丰厚利润，就是降低了被套股票的损失，也就是在为被套的股票解套。

## 三、没有止损的概念

这是多少年来导致我们散户亏损的最大原因，很多股民到现在都是硬扛过

132

来的，扛得汗流浃背、筋疲力尽，还不放弃，还很沉着。这种心态和毅力干什么大事都会成功，就是炒股不会成功。没有止损的概念，就是把自己往火海里推，还不知道反抗，实在没这个必要。投资股票，买的时候要谨慎，卖的时候要果断。

破位就要止损，这是股市中铁的纪律，一个没有纪律的军队是不能打胜仗的，这时的止损是不惜代价的，包括"中计"，即使是吃亏上当也要平静地接受。这样，就不至于总去品尝那种像被人掐住脖子后窒息而死去的套牢滋味了。如果你承认你是股海中的一条小鱼，就必须要学会逃避，这是股市中的"泥鳅法则"，也是大自然的生存规律。

我们弱小，所以我们不能硬扛，我们要跟主力打游击战，我们要跟主力打持久战，我们要学会解套的方法，我们要避免陷入解套的误区。

# 车到山前必有路

将投资者击倒的，往往不是大熊市，而是一些投资者在股票被套的时候便心态不稳，烦躁、郁闷、慌乱、盲目加仓、减仓，本来是一些微不足道的被套小问题，却让投资者持续犯下更大的错误。所以对于被套的股票，切不可因为烦躁而盲目操作，正确的做法是冷静一下，仔细分析手中个股的情况，然后区别对待。

能否正确的处理好被套牢的股票，是鉴别投资者技能水平的最重要标志。相信职业投资者怎样处理被套的股票会对读者有所启发。被套之后需要做的第一件事情就是分析股票被套的原因。

## 一、分析大盘

判断大盘涨跌趋势的重要标准就是成交量变化与重要均线方向变化。如果大盘的运行趋势有系统性风险的征兆，应该果断地认赔卖出股票，如果因为个

股原因你出现犹豫状态，也应该设立止损价格与止损征兆。如果大盘的运行趋势尚处于上涨或者横盘状态，则要重新分析个股的状态。

不要企望一步就能解套，先变高位套牢为中位套牢。当大盘瀑布式直泻后，许多股票回到其长期构筑的平台，由于市场平均成本等多种原因，一般来说，迟早会有一波次级反弹行情的出现。

## 二、分析个股

在大盘处于非系统风险状态下，需要分析个股的现时状态。第一步判断个股的中线趋势，方法是参考个股的重要均线和庄家行为意图。如果是中线波段趋势变坏，应该考虑换股或者卖出；如果中线趋势还可以，则需要判断短线趋势。如果技术指标和大盘背景处于强势状态，被套的个股明显表现较弱，就需要换出部分仓位，这样可以提高效率。

投资者选股的最重要标准是：判断当前的行情性质，所选择的个股要与行情性质配合。不能以自己的喜好否定市场，甚至与市场逆反。筹码集中、远离密集区的股票动能较足。在这个基础上要熟悉股票的股性以及趋势的必然性。题材是非常重要的，题材的排序是主题题材、个股独特题材、市场常规题材、其他影响股价的题材。考虑股票质地的时候，还要考虑主力资金的喜好。

## 三、设立止损价

止损就是对未来可能发生的亏损的解套。止损虽然是无奈之举，在实际操作中却是出现错误后最行之有效的解决办法。不过止损是有条件的，不可能任何股票一旦被套就止损，但是对于以下几类个股该止损时还得止损。

面临实际利空的个股，一定要舍得止损；回顾历史，所有遭到爆炒的个股最终都会被打回原形，对于前期爆炒过、股价处于高位的个股，一旦调整趋势确定也得狠心止损；技术面出现严重破位的个股，比如跌破上升通道，跌破前期平台，不可否认市场中有大量的技术派，技术上的破位必定会遭到技术派的做空，所以技术面严重破位的个股也得及时止损。

投资者在进行操作时一定要忘掉成本，设立止损价，设立反弹时的减仓信号。一定要建立适合自己的阶段盈利模式，坚持按照阶段盈利模式操作，不能用那种听天由命的侥幸心理进行赌博，要控制好操作节奏。

在股票被套牢后，只要尚未脱手，就不能认定小散已血本无归。如果手中所持股票均为品质良好的绩优股或成长股，且整体投资环境尚未恶化，股市走势仍未脱离多头市场，则大可不必为一时小小套牢而惊慌失措，此时应采取的方法不是将套牢股票和盘卖出，而是长期持有股票，以不变应万变，静待股价回升解套和盈利之时。

# 有失必有得

## 一、认识解套的重要性

目前，在国内国际经济内外交困的情况下，股市屡创新低。在这轮下跌过程中，很多投资者被深套其中，在苦寻解套之法。溯其根源，还是投资者没有良好的投资心态和建立有效的风险控制系统，或者没有严格去执行止损。台湾著名分析师傅吾豪曾说："股市里只有赚和赔、输和赢，没有套。"当投资者明白这个道理时，就离成功就不远啦。

波动性和不可预测性是市场最根本的特征，这是市场存在的基础，也是交易中风险产生的原因，这是一个不可改变的特征。交易中永远没有确定性，所有的分析预测仅仅是一种可能性，根据这种可能性而进行的交易自然也是不确定的。

止损远比盈利重要，因为任何时候保本都是第一位的，盈利是第二位的。建立合理的止损原则相当有效,谨慎的止损原则的核心在于不让亏损持续扩大。

## 二、接受现实，及时止损

在股市里，保证本金安全是每一个投资者的首要任务，而做到保证本金安全最有效的方法就是养成良好的投资心态和建立有效的风险系统。止损是一种成本，是寻找获利机会的成本，是交易获利所必须付出的代价，这种代价只有大小之分，难有对错之分，你要获利，就必须付出代价。

在买进股票的同时，根据股市情况和自己的资金实力，先设定一个止损位，如果股票价格已经下跌到这个价位，就果断抛售。这种方法也是一种减少损失行之有效的方法。该方法常使用于熊市初期，尤其适用于追涨、投机性买入的股价在高位的股票面临急跌时。

从心理上讲，投资者在盈利的时候，比较容易接受卖出股票。但是在亏损的情况下，很多投资者就舍不得卖出（俗称割肉），总是在想很快就会涨起来的，或者想涨一点再卖。就这样在犹豫中让亏损不断扩大，从5%、10%甚至亏损30%以上，投资者基本就放着不管，幻想有一天能涨起来，这样的投资心态不但错过很多新的投资机会，而且让亏损不断扩大。想要在股市里有所收获，首先要学会调整心态，接受亏损，别让亏损无限扩大。

给自己规定硬性止损的方法确实适合资金较小的投资者，而那些资金量较大的投资者则会为自己设置动态止损系统。即股票价格在运行过程中，将止损价格设置为多档，并且严格遵守这样的交易规则，就总是可以避免后期更大亏损。

该解套方法取决于投资者对大势和个股有正确的判断，能否当机立断，是否有承亏的心理素质。只有果断卖出，才能防止投资损失的进一步扩大。只要保证资金不受大的损失，股市中永远有无数的机会再赚回来。

### 三、让损失最小化

所有的止损都必须在进场之前设定。做投资，必须养成一种良好的习惯，就是在买入的时候就设置好止损，而在亏损出现时再考虑使用什么方法。常为时已晚。止损要与趋势相结合，趋势有三种：上涨、下跌和盘整，需要注意的是在盘整阶段，价格在某一范围内止损的错误性的概率要大。止损可视为资金管理的灵魂。唯有做好严格止损，才能细水长流，成为股票市场的常胜将军。

# 关注形势的发展

解套前要注意分析大势，了解个股。对手中的资产状态有一个全面了解，在这个基础上制订解套策略，不管套得多深都不要灰心，更不能因为被套太深就放任自流，那样只会越套越深。在没有解套之前，不要重新投入新的资金。一定要认真了解股市的形势和方向。

## 一、国家政策的发展

股票投资者都知道，政策导向的变化对股票市场有着相当巨大的影响。从某种意义上说，"政策"在中国股票市场中已经成为最重要的指标，比技术指标重要得多。凡是能够把握或者能预测到政策变动的投资者，几乎都可以抓到机会，从中获得丰厚的利润或者避免风险。一些反应灵敏的投资者即使被套，也能赶上这趟车，及早地做出相应的操作策略，从中获利（如图8-2）。

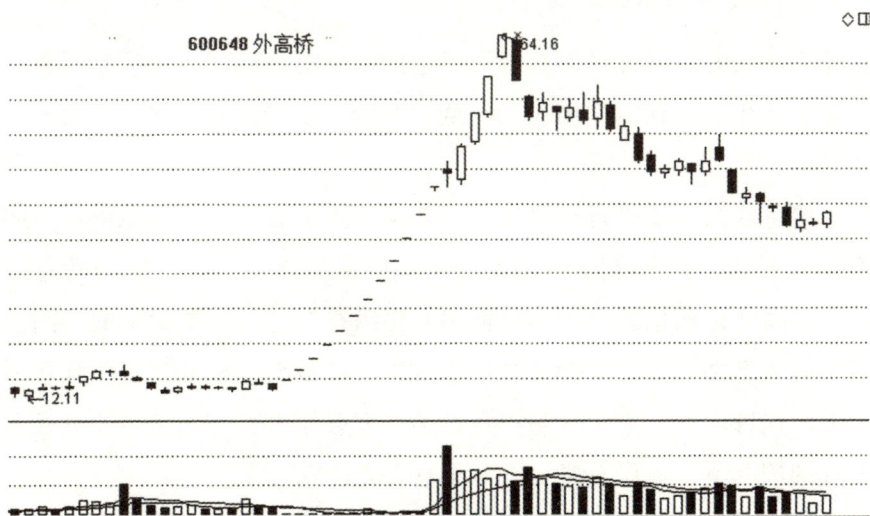

图 8-2 上海自由贸易区概念

国家的政策取向对股票市场有着特殊的制约作用，对股票市场的涨跌趋势有直接或者间接的影响，不同政策的改变和出台，重量级人物的一句话，都会导致股票市场发展趋势的改变。股票市场是国民经济发展的"晴雨表"，股票市场的价格变动，和国民经济的发展以及由此制定的相关政策息息相关。

但是，目前中国股市上的大多数投资者还是不能正确把握或者理解政策变动。股票市场发生重大变动时，他们往往反应迟钝，或者惊慌失措，或者一厢情愿地等待，其结果都会蒙受不同程度的损失。

## 二、国际形势的变化

中国的股票市场是中国市场经济体系的一个重要组成部分。在这种对外开放的大背景之下，中国的股票市场肯定要受到国际政治经济风云变幻的影响。如果对这种影响估计不足，也可能给自己的股票投资带来重大的失误。

对一个要想成功的投资者来说，必须关注国家之间的政治、外交、军事格局变动、对外贸易发展状况、贸易摩擦、周边国家和地区政治经济形势变动、世界主要股票市场的价格波动等因素。

## 三、其他各种消息面的影响

在股票市场的不同背景下，消息所起的作用是不同的。股票市场整体走势较好，处于强势，消息的作用相对较低；当股票市场比较低迷，弱市时期消息的作用相对较大。

对于消息的来源要进行严格审查，迷信小道消息、内部消息的投资者，多半只有上当受骗。投资者应该多参考正规渠道的消息。正确判断消息的实用性，不要过高估计消息的作用。任何消息必须符合"低买高卖"的原则。

有用的消息并不一定立刻就能产生效果，要分析这种消息产生作用的时间因素。考虑这种因素，对于调整投资的节奏非常重要。在消息传来后还不可能马上见效的情况下，也没有必要立刻重仓杀入。

从宏观面看，大背景就是中国股票市场的发展、企业深化改革、产业结构调整、资产重组以及扭亏为盈方面所取得的进展。只要中国股票市场和上市公司还在这个大背景下运行，绝大多数股票还是有翻身的机会。因此，耐心等待，以静制动也是一个重要的解套方法。

# 紧抓解套时机

股票买卖是一件非常微妙的交易活动。要想在股市上赚钱，掌握好买卖时机特别重要。买入或者卖出股票，除了品种选择之外，更重要的是时机的把握。市场机会转瞬即逝，投资者要想把握这种时机，除了经常阅读有关报刊杂志、分析股市行情之外，还应当果断决策，行动迅速。

每一种解套策略都有各自不同的特点，适用的时机也各不相同，投资者需要在股市运行的不同阶段中，采用不同的解套策略，才能达到理想的解套效果。

## 一、熊市中解套

止损策略适用于熊市初期。因为这时股指处于高位，后市的调整时间长，调整幅度深，投资者此时果断止损，可以有效规避熊市的投资风险。做空策略适用于熊市中期。中国股市还没有做空机制，但对被套的个股却例外，投资者可以在下跌趋势明显的熊市中期把被套股卖出，再等大盘运行到低位时择机买入，这样能够最大限度地减少因套牢造成的损失。捂股策略适用于熊市末期。此时股价已接近底部区域，盲目做空和止损回带来不必要的风险或损失，这时耐心捂股的结果，必然是收益大于风险。

## 二、牛市中解套

换股策略适用于牛市初期。在下跌趋势中换股只会加大亏损面，换股策略只适用于上涨趋势中，有选择地将一些股性不活跃，盘子较大，缺乏题材和想象空间的个股适时卖出，选择一些有新庄入驻，未来有可能演化成主流的板块和领头羊的个股逢低吸纳。投资者只有根据市场环境和热点的不断转换，及时

更新投资组合，才能在牛市行情中及早解套并取得超越大盘的收益。

摊平策略适用于底部区域。摊平是一种比较被动的解套策略，如果投资者没有把握好摊平的时机，而过早地在大盘下跌趋势中摊平。那么，不但不会解套，反而会陷入越摊平越套的深的地步。

股票市场是一个变化多端的市场，在这个市场上，没有永远上涨的股票，也没有永远下跌的股票。绝大多数股票在每一轮行情当中都有不同程度的表现。只要你的股票质地优良，即使很多长期下跌的股票，亏损股、冷门股也有东山再起的时候，在一年或者更长的时间内恢复到历史高位，甚至创出历史新高的例证也比比皆是。

# 第九章

# 向困境求生——短线快速解套法

## 波段操作　高抛低吸

### 一、了解波段操作解套法

波段操作（timethemarket），也称为选时操作就是指股票投资者在价位高时卖出股票，在低位时买入股票的投资方法。

高抛低吸是股票市场操作的基本原则，对解套来说也具有重要意义。如果套牢的股票是热门股，在成交量相对较大的时候，可以再于低价位上买入一部分，买入数量一般不宜过大，只要今后这些股票价格上涨，就可以卖出赚取价差收益，用于弥补亏损（如图9-1）。

波段操作是针对目前国内股市呈波段性运行特征的有效操作方法。波段操作虽然不是赚钱最多的方式，但始终是成功率比较高的方式。这种灵活应变的操作方式还可以有效回避市场风险，保存资金实力和培养市场感觉。

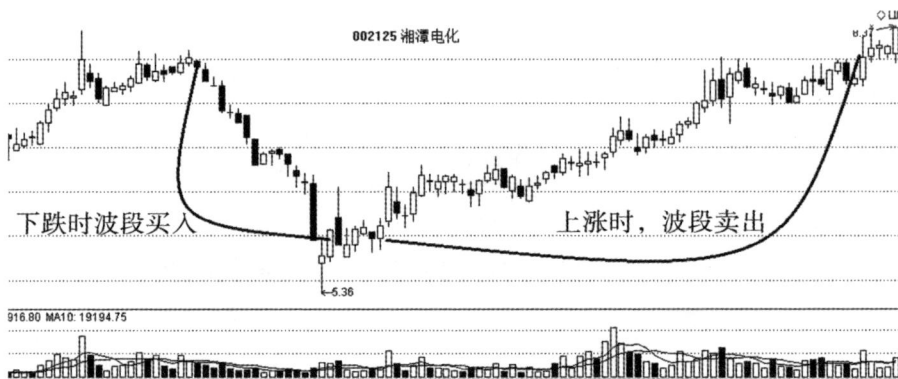

图 9-1　波段操作

## 二、波段操作的解套技巧

相对而言，波段操作中掌握卖的技巧更加重要，它最终决定操作的成功与否。为了使波段操作更安全，操作时必须严格遵守以下基本原则：

只选取主要趋势向上、正处于上升通道的股票操作，决不理会主要趋势明显处于下降通道的股票来冒险。买进时最好选择在主要趋势良好，在中级趋势向上的拐点刚刚出现的第一时间介入，在主要趋势上轨遇阻回落的第一时间卖出。个股长期在低位横盘的股票，在放量向上启动的第一时间介入是比较安全的。

比较适合波段操作的个股，在筑底阶段会有不自然的放量现象，量能的有效放大显示出有主力资金在积极介入。因为，散户资金不会在基本面利空和技术面走坏的双重打击下蜂拥建仓，所以这时的放量说明了有部分恐慌盘正在不计成本出逃，而放量时股价保持不跌恰恰证明了有主流资金正在趁机建仓。因此可以推断出该股在未来行情中有短线机会。

一般说来，热门股价格波动较大，价格上涨下跌的周期较短，一年之中可以来回买卖好几次，只要把握住其中一两次机会，就有可能最大限度地减轻损失，所以热门股解套的机会相对较大。在交易活跃时候，如果判断行情还会出现一定幅度的下跌，可以考虑在当天开盘之后先卖出一部分，然后用这些资金在当天或者几天之后再于更低价位上买入这些股票，同样可以起到减轻损失的作用。

波段操作很容易把握，这是对于大盘而言。很多个股具有一定的波段，我们要对一些个股进行仔细研判，再去确定个股的价值区域，远远高离价值区域后，市场会出现回调的压力，这时候再卖出；当股价进入价值低估区域后，再在低位买入，耐心持有，等待机会，这样一般都会获取较大收益。

如果套牢的股票是冷门股，由于大多数人不愿意参与这种股票的炒作，这些股票价格变动的周期较长，解套的机会相对较少。投资者一方面可以考虑长期等待，筹集资金等待这些股票价格充分调整，再找机会于低价位买入股票，等价格上涨时候再卖出这些股票，也可以较大幅度地减轻损失。另外一方面，可以考虑完全放弃炒作这些股票，腾出资金用于其他股票的投资。

如果遇到突发利好消息出台，先乘大盘瞬间上冲之机逢高卖出，然后静待大盘企稳之时，再根据市场的背景和环境对大盘趋势作出认真细致的研判，依据研判的结果，选择下一步的操作，这是较为稳健的波段操作方法。

波段操作比找黑马更为重要，在每一年的行情中都有主峰和主谷，峰顶是卖出的机会，波谷是买入的机会。波谷是指股价在波动过程中所达到的最大跌幅区域，筑底行情往往会自然形成某一中心区域，投资者可以选择在大盘下跌、远离其筑底中心区的波谷位置买入，波峰是指股价在波动过程中所达到的最大涨幅区域。

整体来看，市场总是处于波段运行之中，投资者必须把握波段运行规律，充分利用上涨的相对顶点，抓住卖出的机会；充分利用基本面的转机，在市场悲观的时候买入，每年只需做几次这样的操作，就会获取良好的效益。

### 三、波段操作的注意事项

由于波段操作属于短线行为，所以，不能把盈利目标定得过高，而且，要随着市场的变化不断修正止损标准和盈利目标。当个股股价达到止损位时，要果断清仓出局。当波段操作中的账面收益达到盈利目标时，也要克服贪心，采取落袋为安的方针。

大盘是个股点睛的风向标，买进卖出时必须注意大盘的脸色，大盘的主要趋势和次要趋势均朝下时最好停止波段操作，确有中长期上升趋势可以买进的股票时仓位也应该比较轻。

# 勇做 T+0　乐享收益

## 一、认识 T+0 的操作方式

"T+0"中的"T"，指的是股票成交的当天日期。"T+0操作法"是已有个股仓位，盘中先买入相同一只股票，然后把原来的股票卖出，或者先卖出手中已有的股票，然后再买入同一只股票。不管是先买后卖还是先卖后买，操作的都是同一支股票，变相地做到了当天买卖同一只股票。

这种操作技巧是专门应用于熊市中和投资者有被套牢股票时的一种操作方式，它可以充分利用弱市中常有的暴跌机会及由此产生的反弹机会，根据股价震荡的节奏顺势而为，高抛低吸，博取差价，降低持仓成本。这种反向趋势操作方法可以充分发挥被套股票的作用，提高资金利用效率，也可以使投资者增加投资机会，在下跌的熊市中也一样能赚钱。

我国股市的规定是不能做 T+0 的，但是可以充分利用被套股的条件，平时对该股票多加了解，一旦机会出现，就可以进行超短线操作，降低持股成本。

## 二、T+0 的解套策略

T+0 操作技巧根据操作的方向，可以分为顺向的 T+0 操作和逆向的 T+0 操作两种。

### 1. 顺向 T+0 操作

当投资者持有一定数量被套股票后，某天该股严重超跌或低开，可以乘这个机会，买入同等数量同一股票，待其涨升到一定高度之后，将原来被套的同一品种的股票全部卖出，从而在一个交易日内实现低买高卖，来获取差价利润。

当投资者持有一定数量被套股票后，即使没有严重超跌或低开，也可以当该股在盘中表现出现明显上升趋势时，乘机买入同等数量同一股票，待其涨升到一定高度之后，将原来被套的同一品种的股票全部卖出，从而在一个交易日内实现平买高卖，来获取差价利润。

当投资者持有的股票没有被套牢，而是已经盈利的获利盘时，如果投资者认为该股仍有空间，可以运用 T＋0 操作。这样可以在大幅涨升的当天通过购买双倍筹码来获取双倍的收益，争取利润的最大化。

顺向的 T＋0 操作属于超短线操作方式，有一定的操作难度和风险，T＋0 操作必须建立在对个股的长期观察和多次模拟操作的基础上，非常熟悉个股股性和市场规模。T＋0 操作要求投资者必须有适时看盘的时间和条件，还要投资者有一定短线操作经验和快速的盘中应变能力。

T＋0 操作时要快，不仅分析要快，决策要快，还要下单快，跑道快。这就要求投资者注意选择咨讯更新及时、交易方式迅速和选择交易费用低廉的证券公司。T＋0 操作时切忌贪心，一旦有所获利，或股价上行遇到阻力，应立刻落袋为安。这种操作事先不制定具体盈利目标，只以获取盘中震荡差价利润为操作目的。

### 2. 逆向 T+0 操作

当投资者持有一定数量被套股票后，某天该股受突发利好消息刺激，股价大幅高开或急速上冲，可以乘这个机会先将手中被套的筹码卖出，待股价结束快速上涨并出现回落之后，将原来抛出的同一品种股票全部买进，从而在一个交易日内实现高卖低买，来获取差价利润。

当投资者持有一定数量被套股票后，如果该股没有出现因为利好而高开的走势，但当该股在盘中表现出明显下跌趋势时，可以乘这个机会先将手中被套的筹码卖出，然后在较低的价位买入同等数量的同一股票，从而在一个交易日内实现平卖低买，来获取差价利润。这种方法只适合于盘中短期仍有下跌趋势的个股，对于下跌空间较大，长期下跌趋势明显的个股，仍然以止损操作为主。

当投资者持有的股票没有被套牢，而是已经盈利的获利盘时，如果股价在行情中上冲过快，也会导致出现正常回落走势。投资者可以乘其上冲过急时先卖出获利筹码，等股价出现恢复性下跌时再将其买回。通过盘中 T + 0 操作，争取利润的最大化。

T + 0 操作要讲究操作原则，要注意趋势。当所持股票上升达到一个高点，将要发生回撤时，要避免接下来的大幅下跌，这样的下跌一般是不回头的，杀伤力很大。分析时注意时间和趋势的结合，趋势也就是方向的变化需要时间来确认，只有注意到时间变化的关系，才可以把握走势的准确变动点。

相对于顺向的 T + 0 操作而言，反向趋势操作难度较小，对短线操作技术要求不高，但要求投资者要具备对市场整体趋势的研判能力。因为反向趋势操作只适用于大盘处于下跌趋势通道时，其他时期，如大盘处于横向整理阶段或牛市行情阶段都不能采用这种操作技巧。因此，投资者必须认清未来趋势的大致运行方向。

逆向 T + 0 操作技巧与顺向 T + 0 操作技巧极为相似，都是利用手中的原有筹码实现盘中交易，两者唯一的区别在于：顺向 T + 0 操作是先买后卖，逆向 T + 0 操作是先卖后买。顺向 T + 0 操作需要投资者手中必须持有部分现金，如果投资者满仓被套，则无法实施交易；而逆向 T + 0 操作则不需要投资者持有现金，即使投资者满仓被套也可以实施交易。

建议在弱市行情下进行 T + 0 操作，以此来降低持仓成本。手头没有现金的，操作时则不需要增加现金，即使满仓被套也可以实施交易。当你第一天进仓的股票，在其后几天被套了，也不要紧。当持有一定数量被套股票后，某天该股受突发利好消息刺激，股价大幅高开或急速上冲，可以先将手中被套的筹码卖出一半或 1/3，待股价结束快速上涨并出现回落之后，将原来抛出的同一股票全部买进。从而在一个交易日内实现多次的高卖低买，来获取差价利润，很快就能解套。

### 三、T + 0 解套的注意事项

T + 0 操作时机要果断把握。没有出现机会时要耐心等待，不要盲目出击。通常在强势上升过程中，开盘高开也许是最佳的卖出时机。在振荡上扬的过程中，急跌也许是最佳的买入时机。实施超短线操作时，要讲究先买还是先卖的次序，做个书面计划。

T＋0操作时经常会遇到这样的事情，预测正确，操作失误。原因在于对走势的把握不准，对大盘的走势、对板块的走势、对个股的股性把握没有达到统一。预测也只是一种假设，要将各种可能出现的情况和现有的条件分析清楚，要通过小的尝试，反复介入和出局，达到对目标股主升段的把握。

# 随机应变　及时换股

## 一、了解换股解套的方式

换股解套法，是许多投资者喜欢采用的一种方法，也是行之有效的解套方法。散户投资者所买股票被套，无外乎选股的质地差、买入的个股价格过高、介入股市的时机把握不对等。散户应当以劣换优、汰弱择强、弃贵选廉的基本原则，把自己持有的弱势股换成同等价格的强势股，利用强势股的快速拉升在短时间内解套。

换股是一种主动性的解套策略，运用得当的话，可以有效降低成本，增加解套机会。当你确认某几只股票比你原持有的套牢股票的股价更低、业绩更优、安全边际更大、更具涨升潜力时，就没有任何理由不及早挣脱套牢股票的束缚，果断换股。将被套的冷门股或长期横盘的个股换成另外的可涨股。采用这种方法时，要注意选择当前的热门股、强势股，最好选择成长性好的绩优强势股，而且处于指标启动的初期。同时，要选择在相对低位时换股，切忌高位换股，否则就会出现一边割肉一边被套的恶性循环。

## 二、换股解套的操作技巧

换股也是风险较大的解套手法，投资者一旦操作失误，就会赔了夫人又折兵。所以投资者在换股时要非常慎重，实际应用中要掌握换股的规律和操作技巧。

### 1. 留小盘股换大盘股

小盘股因股本扩张能力强、重组成本低等原因，容易被更多的主力选中控盘，因此小盘股股性较活，走势常常强于大盘。小盘股是跑赢大势和换取手中滞涨股的首选品种。

### 2. 留次新股换老股

新股、次新股由于未经过扩张，一般流通盘偏小，很容易被主力控盘。上市时间不长、没有被疯炒过的次新股，上档套牢盘较轻，加上次新股刚刚上市，募集了大量现金，投资新项目会产生新的利润增长点。这些因素都很容易吸引主流资金的炒作热情。故可以用次新股换老股。

### 3. 留低价股换高价股

低价股很容易被市场忽视，投资价值往往被市场低估，低价股由于绝对价位较低，进一步下跌的空间较有限，风险较小。如果是从高位深跌下来的低价股，因为离上档密集套牢区较远，具有一定的上涨潜力。而高价股本身的价格就意味着高风险，导致高价股面临较大的调整压力。所以，换股时要换出高价股，留下低价股。

### 4. 留强势股换弱势股

弱势股的特征：如果大盘调整，弱势股回落的幅度往往超过大盘；如果大盘反弹，弱势股反弹的力度也较大盘弱。所以，一旦发现自己手中持有的是这类弱势股，要及时清仓，另选强势股。

### 5. 留新庄股换老庄股

因为老庄股不论以前是否有过巨大涨幅，不论是否有获利的时间及空间，只要在长期的时间和成本的压制下，老庄股往往会考虑如何择路而逃。所以，老庄股的上升空间和上升力度都值得怀疑。新庄股指的是主力介入时间没有超过 1 年的个股，由于新资金刚刚介入，其爆发力往往会超过老庄股。

### 6. 留有庄股换无庄股

有庄股是指有主力介入的股票，介入的主力凭借雄厚的资金往往不断推高股价，股价呈现出强者恒强的走势。无庄股由于缺乏主力资金关照，大多是一些小散户在里面苦苦支撑，如果持有这样的股票，就只能和其他散户一起苦撑了。

### 7. 留底部放量股换底部无量股

换就要换能涨的、涨得快的。凡是在底部放量股票，在跟随大盘起伏时会弱于大盘整体走势，即使将来被庄家选中，主力在临建仓前也会把它打下去吸筹。如果已经有庄的股却在底部不放量，只能说明主力早已吸了一肚子货，正想着怎么派发，将来的上升空间可想而知。所以，换股时要尽量关注底部放量股。

### 8. 留下有潜在题材股，换出题材明朗股

市场中经常会传说一些朦胧的题材，至于是否真实并不重要，只要能得到投资大众的认同，股价常常会有喜欢的投资者去买。可是题材一旦明朗，炒作便会宣告结束。所以，换股时要注意选择一些具有潜在朦胧题材的个股，不必选利好已经兑现的个股。

### 9. 留主流板块股换冷门股

有些冷门股，每天仅在几分钱里波动，全天成交稀少，如果手中有这样的个股，应该及早把它抛出，换入现在属于主流板块但涨幅还不大的个股。

### 三、换股解套的注意事项

采用换股解套法要注意的是选择强势股时，买点把握很重要，要避免买入涨幅过大面临调整的股票，否则左右挨打得不偿失。在注重个股业绩的同时，不可忽视个股的成长性，不可忽视个股的人气和涨升空间，不可忽视个股行业地位，不可忽视个股比价和市盈率，不可忽视一些具有实质性并购重组题材个股的优势。

未经研究不下单。深入研究过的股票，自己心中有数，手中有准儿。如果仅仅靠听来的消息，再怎么言之凿凿、信誓旦旦，只要股价一跌，马上就慌神儿；再一跌，就开始怀疑消息的真实性；继续跌的话，就自我否认消息，最后割肉出局，卖了个地板价。所以只有经过深入的调研，把消息变成信息，变成自己研究之后确信的东西，才能成为值得信赖的投资参考。

情绪冲动不下单。情绪不好的时候尽量不要做交易，心绪一乱，头脑一

热，心里一慌，手头一痒，结果往往是一败涂地。下单之前先要问自己，操作的决定是来自理性的判断还是来自情绪的波动，如果是情绪不稳，就先离开市场，让自己的心情平静一会儿。

# 及时止损　挽回损失

## 一、了解止损解套的方式

涨跌并非无限，跌的股票，总有跌到底的时候；涨的股票，也总有涨到头的时候。物极必反，从来没有一成不变的趋势，有涨必有跌，就跟有赔必有赚一样，都是相对的。为了避免赔得更多，就要做到及时止损。

投资的目的在于财富的保值、增值，通过在投资市场的运作，为自己赢得投资性收益。投资中的亏损是个沉重的话题。在熊市，大部分股票投资者财富缩水，其中也不乏深度套牢、重度亏损者。亏损的产生来自于风险，我们都知道，风险无所不在，要想预防风险就要及时止损。

股票要止损，也就是买入后股票价格跌深到一定程度（一般投资者会设置在跌了 10%～15% 时）要卖出，其目的是避免后面可能发生的更大损失。

## 二、止损解套的操作技巧

止损不是跌了就卖。股票一跌就卖，确实不容易被套，但是老跌了就跑，就没有利润可言。止损，就要主动性止损，但不是看跌了就卖，而是看跌的程度，跌了多少，很多时候股票没跌多少就卖了，之后一看又涨了，再买回来，跌了再卖……反复几次，不但钱没有赚到，反而把心态搞乱了。

有些投资者买入的时候是抱着一种强烈的投机目的的，是看股票走势不错，或者是听到了相关的利好传闻才买入，本意是想投机盈利，谁知却出现了股价下跌的相反走势。此时投资者本应止损卖出以避免更大的损失，但是更多的投资者却往往做出了继续持有的决定。投资者应该记得，自己在短线买入的时候，是进行过一番比较谨慎分析的，短线持有的决定也是反复推敲过的，尽管百密一疏未能短期获利，就应及时止损。否则一旦被动地作出把短线投机改成长期投资的决定，无疑犯错误的可能性相对要大得多。

主动性止损，就是要在股票跌破支撑位的时候选择卖出。一般上升通道的情况是，中线操作，止损位大概在10日线附近，如果跌破10日线，马上止损出局。而横盘已久的股票，跌破平台（在一个固定的价格上下震荡，不涨不跌，但非区间震荡，大体看来，就是一条线），坚决止损出局。即使损失，也要损失得有价值，即主动用小损失出局，避免大损失，这就是"损则有孚"。

有些投资者虽然知道跌到了应该止损的价格，但是因为股价仅仅跌破止损价格一点点，就抱着股价能马上涨回来的思想继续持有，总觉得就跌破了几分钱，不一会儿就能涨回来。可是，往往股价不如人意，越跌越多，投资者应该记住"不怕错，就怕拖"的股市谚语，不能一味拖延而造成更大损失。

不计成本夺路而逃的止损称为无条件止损。当市场的基本面发生了根本性转折时，投资者应摒弃任何幻想，不计成本地杀出，以求保存实力，择机再战。基本面的变化往往是难以扭转的，基本面恶化时，投资者应当机立断，斩仓出局。

将止损设置与技术分析相结合，剔除市场的随机波动，在关键的技术位设定止损单，从而避免亏损的进一步扩大。这一方法要求投资者有较强的技术分析能力和自制力。

### 三、止损解套的注意事项

进行每一项投资之前，严格的止损控制都很重要。但是对于不同的个人，不同的投资对象，可以依据具体情况来设立止损位。坚决与果断是止损时必备的要素，达到止损要求时，我们都应当严格地执行止损纪律。止损会给投资者带来实际的损失，但是出于风险控制的需要，出于对投资的稳健性考虑，止损是一项必需的工作。

在交易中，投资者对市场的总体位置、趋势的把握是十分重要的。在高价圈多用止损，在低价圈少用或不用，在中价圈应视市场运动趋势而定。顺势而为，用好止损位是投资者获胜的不二法门。

# 知己知庄　百战不殆

### 一、认识跟庄解套法

所谓的机构，就是有较大资金实力的操盘机构。控制盘面价格，获取更大利益，就是在一定价格上吸取一定的商品（筹码），拉升或下降到一定的价格空间的时候平仓获取利润。机构的控盘筹码占本股总盘面资金的30%～40%，筹码少了无法控制盘面价格空间，筹码多了就等于自己和自己操作，没有意义。

如果被套个股上涨空间低于成本价100%，下跌空间超过50%，可以选择跟庄解套法。也就是说，我们的股票不值得持有，市场上很多股票比它强势，那么我们可以跟庄解套。

### 二、跟庄解套的操作技巧

主力的资金量大，大家便以为其能呼风唤雨，其实，在更大的范围看，主力也是沧海中一朵小浪花，难以改变大盘的走势，特别是由于大盘急跌、内部纷争、后续资金供应不上等原因，均可能引发股价急挫，导致主力被套其中，散户被套之后只能被动等待，而主力被套之后则可积极"生产自救"。

面对某些股票的走势，我们经常会问：有人在其中活动吗？这里所谓的"有人"其实就是"主力"的意思。而要得出最终的结论确实比较难，每个人会有每个人的判断标准，但有一些基本的方法是具有共性的，比如我们在行情的演变过程中所看到的上下五个价位的接抛盘是否真实就是一个基本点。

在机构吸取筹码期间，从技术形态上看是没有规律的，目的是让散户看不懂，把筹码倒给机构。筹码吸取完毕，机构要拉升脱离成本区，这个时期的技术形态是非常有规律的，目的是让散户给他抬轿子，把价格拉上去，在必要的技术形态下机构还会故意"跳单子"，让散户跟进拉升价格。

对投资者来说，则可静观哪个个股有主力被套现象，及时参与主力的"解套工程"，或许主力刚刚解套你便可获利。一般来说，有主力被套的个股具有以下特征：

（1）前期明显有主力活动痕迹，股价出现一定的涨幅。

（2）受不明原因影响，股价出现持续回调，将原来的升幅大部分抹去，已跌至前期成交密集区之下。

（3）回调过程中成交量萎缩，出逃的资金量有限。

前期成交密集可视为主力的建仓成本区，一旦跌至该区域以下，说明主力已深陷其中，解套欲望强烈。如果个股见底回升，但底部成交量很少，该股随后出现一轮温和的上升行情，整体升幅不大，已接近主力的建仓成本，加上资金成本、拉升成本等开支，可断定主力此时仍在做"亏本生意"。下调过程中成交量并未显著放大，可判断此时主力已被套其中。

### 三、跟庄解套的注意事项

如果不顺应趋势调整而选择休息观望，不戒除频繁操作的恶习，那么，这样的投资者将走进无法控制亏损的尴尬境地。再次强调，投资者必须在思想上认识到防范亏损的重要性，在行动上控制好自己的手脚！

# 仔细勘察　巧对挂单

### 一、认识庄家的挂单方式

做超级短线不但对分时线的波动变化要求很多，对成交量的要求也是很严格的，不同形态的成交量会使指数的波动出现明显的不同。只有分时线与成交量共同出现良好的走势，股价才会不断地上涨。投资者除了要对已成交的成交量状况进行分析，对未成交的委托单的变化也应当引起重视。这些已委托未成交的买卖显示可以很大程度上帮助投资者把握股价的后期变化。

从性质上来说，挂单可以分为静态和动态两种。我们看到的盘面上的接抛盘其实只是一种静态，但交易一直在进行，因此挂单会出现变化，特别是某些大单会突然出现或者消失，这往往更需要我们关注。

在股价盘中波动的时候，总会在买卖五档显示里出现手数较大的委托单，这些委托单的变化对于股价后期走势有着至关重要的影响，它们的撤单与挂单都有着不同的意义。只有正确理解这些大单的含义以及做出相应的对策，投资者才可以准确把握股价后期的波动，从而为实现盈利打下基础。

## 二、针对庄家挂单的操作技巧

在开盘价出来后，判断大盘当日的走势，从中选出首笔成交量大，量比大（越大越好）的个股，浏览这些个股的日（周）K线等技术指标，做出评价，再复选出技术上支持上涨的个股。开盘成交时，紧盯以上有潜力的个股，如果成交量连续放大，量比也大，观察卖一、卖二、卖三挂出的单子是否都是三四位数的大单。如果该股连续大单上攻，应立即打入比卖三价格更高的买入价（有优先买入权，且通常比你出的价低些而成交）（如图9-2）。图9-2为2014年9月底至10月底的九安医疗，庄家9月23日、10月10日、10月21日三次打压挂单，打压股价。

一般来讲，这些大卖单是庄家为了压住股价的上涨采取的手段。从操作原理来讲，庄家不想让股价上涨过快，从而挂出大卖单人为控制股价的涨幅，因此股价在碰到大卖单时往往会停止上涨的步伐。如果庄家改变策略，又想让股价涨上去，这时就会主动撤掉这些大卖单，没有巨大的压力，股价的上涨就会容易得多。

在股价上涨的时候，碰到股价上方出现较大的卖单，如果大卖单没有撤掉，并且没有出现较大的买单将它吃掉，股价将会在大卖单的价位处停止上涨，出现调整或是下跌；如果大卖单撤掉，或是有较大的买盘一笔将它买下，那股价后期还会继续上涨。如果在股价上涨的途中出现大笔卖单，只要大单不消失，股价就很难突破巨量压单所在的价位。

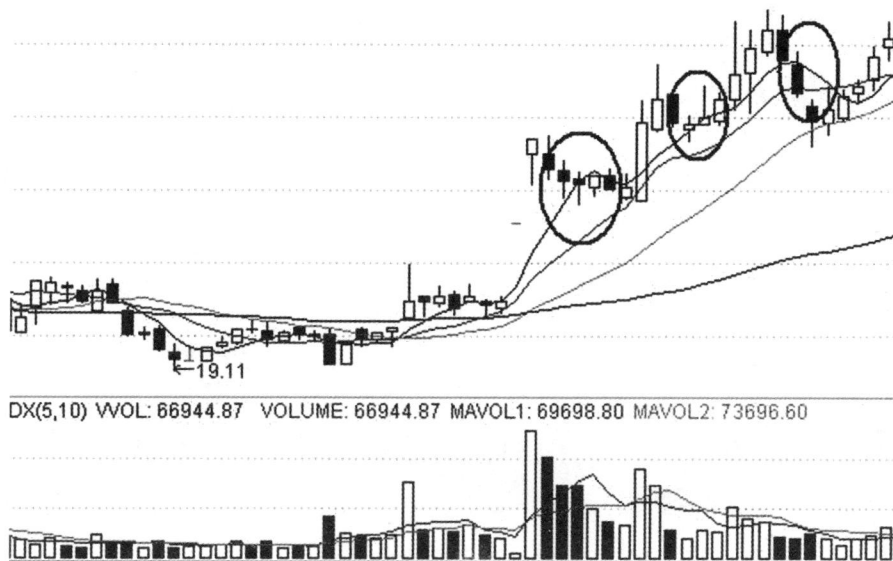

图 9-2　九安医疗庄家三次挂单打压股价

一般情况下，一旦巨量托单出现，股价就会在巨量托单处企稳。如果股价出现连续的杀跌走势，下方出现巨量托单的时候，股价就会止跌出现上涨。只要巨量托单没有消失，就会对股价的下跌起到抑制作用。因为如果股价过分下跌，对庄家的后期操作也是不利的，股价跌得太多，庄家就需要花费更多的成本重新把股价拉上来。

大的委托单不仅出现在股价的上涨途中，在股价下跌的途中也会出现，只不过委托单的性质是买入。在股价下跌的时候，庄家为了稳住股价，往往会在下面放上数量较大的买盘，买盘的出现顶住了盘中连续出现的抛盘，因此股价便会停止下跌。

长期跟进某个个股，熟悉它的股性，感性上觉悟到它一天的最高点和最低点，再配合布林带修正预测一天的最高点和最低点，挂单就挂在那个点上面0.3%的价位就可以了。这是从大方向上处理挂单，开市后挂定你的预测价，等到差不多到你的预测价时，再根据实盘指数的一分钟和五分钟形态走势判断这一波升势或跌势的极值，对应此幅度计算你的股票对应的价格，再修正。

有的时候庄家也会利用托单进行骗线，让投资者认为巨量托单是为了掩护庄家出货，当投资者纷纷卖出的时候，庄家却利用巨量托单悄然建仓。巨量压单与巨量托单其实都是庄家为了控制股价而采取的操盘方法。通过大单优势把股价控制在自己预定范围内，只要大单不消失，股价便会按庄家的控制上下波动。

### 三、应对庄家挂单的注意事项

当股价差不多到了你的预测买点，而大市还没有止跌迹象时，应果断撤单，挂到更低价去。通过撤单和挂单，买到低价。卖出时也是如此，大市想象中好，或有突然拉升，就打高几角钱去买，反正成交的是现价，你不会吃亏。如果你资本相对雄厚的话，建议采取分批建仓（出货）和挂单。这样的效果可以抵消判断错误带来的损失。

大单的定义并不是固定的，它与个股的流通盘的大小与当前成交的大小有着密切的关系。如果个股的流通盘很大，用固定的数值来说明委托单的大小就不合适了；同样，如果个股的流通盘很小，那么用固定的数值来进行区分也是行不通的。因此，可以这样定义大学：是最近五档买卖单的数倍，且倍数越大则这笔委托单的分析意义就越重要。

# 适时补仓　反败为胜

### 一、了解补仓解套的方式

补仓一般是指股民在买入一只或多只个股后，股价发生较大的跌幅，为了摊薄每股的持股成本而继续买入所持有的股票。补仓看似简单，但在实际操作中有很大学问。比如，所持有的个股该不该补，什么时候补，应该补多少等等，都需要进行认真分析研究。只有如此，才能在补仓上做到精、准、狠，起到早日解套的作用。

　　采取补仓的方式解套，即在较低的价位买进被套的股票。投资者所持有的股票下跌，而没有及时止损出局被套，在下跌过程中不愿意做割肉出局时，可以采用逢低补仓方法降低成本，若遇适当时机，还可以高抛低吸摊低成本。

　　补仓是被套牢后的一种被动应变策略，它本身不是一个解套的好办法，但在某些特定情况下它是最合适的方法。

## 二、补仓解套的操作技巧

　　大盘持续下跌后，股票也跟随出现大幅下跌，补仓在心理上较能让投资者接受，因此，大多数投资者在被套时都选择了补仓，但补仓也需要一定的技巧。

　　补仓无外乎两种情况，一种是股票形势大好，补仓赚得更多。另外一种则是股票套牢，补仓解套。前一种情况没什么好说的，而如果是第二种情况，那就应该解套之后立马落袋为安，而不要存有侥幸心理，贪一时之利，延误解套良机。

　　在牛市的调整时段和震荡市中，采取低位补仓法来解套的个股机会还是很多的，而且这样的机会也不难捕捉。运用此法的前提条件，就是必须预备较为充足的现金作为“第二梯队”。运用补仓法自救时应当注意避免在未确认个股股价跌到底部区域之前就急于补仓。

　　补仓的前提是跌幅比较深，损失较大。如果股票现价比买入价低5%就不用补仓，因为随便一次盘中震荡都可能解套。要是现价比买入价低20%以上，甚至被腰斩时，就可以考虑补仓，因为后市进一步下跌的空间已经相对有限。否则，如果匆忙补仓，则有可能越补越套，越补越跌。采用此方法时一定要判断补仓股票价格是否在底部。

　　有时候并非所有的个股在下跌到一定的深度时，都有补仓的价值。价格高估或者是过度炒作后而跌下来的股票是不适合补仓的。受国家产业政策调整的行业个股也不具有补仓的价值。

　　同时，热门股炒作的主力机构或游资已全身而退的个股，也不能进行补仓。因为这些炒家在全部清仓以后，股价会长期处于跌势之中，几乎不可能再回到原来的高价中。即便是短线反弹也没有多少参与的价值。还有那些大小非需要解禁的股票、不少战略投资者配售变现欲望较强的股票，都不宜补仓。

补仓并非是指股价下跌得较多就可以再次买入。补仓一定要把握好时机。补仓过早不合适，如果个股没有跌到位，那么后面仍会有一定的跌幅，不能老股未解套，而补仓又被套，这是补仓的大忌。补仓过晚也不行，因为个股在调整到位后，在低位都会有资金密切关注。只要逆转的势头一旦确立，机构迅速拉升，此时再决定买入，可能已经形成一定的升幅，如果追高买入，就存在逢高回调的风险。

补仓的最佳时机应该是短期的技术指标充分调整到位。比如，KDJ、MACD等指标完全见底，并发出向上拐头的迹象，这就是补仓买入的最佳时机。同时，当个股跌至年线附近，也是投资者补仓的较好时机。一般而言，个股技术指标在年线附近都会形成一定的支撑。

### 三、补仓解套的注意事项

股市中没有最好的方法，只有最合适的方法。只要运用得法，它将是反败为胜的利器；如果运用不得法，它也会成为作茧自缚的温床。补仓属于资金运用策略的范畴，因此，投资者一定要讲究技巧。

补仓一定要注意补强不补弱。如果投资者有很多股票被套，那么一定要结合市场实际情况来判断，如果是属于跌无可跌，并且又是前期主力资金一同被套的品种，那么其反弹无疑是最值得期待的，因为这样的品种能够成为反弹中的强势股，尤其是技术形态上走出重新向上延续的新趋势的时候，投资者就应该坚持补强不补弱的策略进行自救。对于手中一路下跌的弱势股不能轻易补仓，这些弱势股主要表现出成交量较小、换手率偏低、大盘反弹时其反弹不力。

# 认准趋势  智慧割肉

## 一、了解割肉解套的方式

股市中能大幅上涨的龙头股数量是很少的，市场永远是二八现象，投资者持有的被套个股中恰好出现龙头股的概率也是很小的。如果投资者手中持有的是非主流热点个股，并非强势个股，而经过周密的分析和研究后，确认还有另一只个股比原持有的股更有上升潜力的话，这时就要及时果断地割掉原持有的股，取以代之。

"割"是指"割肉"解套。停损了结所持的股票，以免股价继续下跌而遭受更大损失，将换取的筹码买入市场中刚刚启动的强势股，以通过涨升的强势股获利，来弥补套牢所受的损失。对于深套于弱势股的投资者，只能割肉放弃，才能涅槃重生。

割肉也是一种解套的方式，尤其是割掉烂肉，如果能迅速了断并且及时转换到更优质的股票，往往能迅速收复失地。如果一味在一艘沉船上死守，即使大盘反弹，个股也不一定跟随反弹。很多投资者认为割肉换股是一个被动的投资策略，其实割肉是一种主动的投资行为，这需要勇气，也需要魄力。

## 二、割肉解套的操作技巧

### 1. 要从行情调整趋势的大小上判断要不要"割肉"

如果大盘是开始一波中期以上的大调整，而投资者持有的股票属于短线概念和题材投机范畴的，特别是成本与市场大众一致，盘口主力资金出现明显逃跑的品种，例如成交量持续超过10%，日线、周K线极度恶化，趋势发生扭转等现象出现时，投资者必须及时"割肉"出场观望。

当投资一只股票出现的亏损，并在中期无法预见其有较好的表现和主力资金关注时，应该及时斩仓出局，以避免形成更大的亏损。其目的就在于投资失误后把损失限定在较小的范围内。股票投资与赌博的一个重要区别就在于前者可通过割肉把损失限制在一定的范围之内，同时又能够最大限度地获取成功的报酬。换言之，割肉使得以较小代价博取较大利益成为可能。

前期"割肉"出局的资金可以在大盘趋势企稳的时候重新吃回这个股，从价格比上，"割肉"资金应该能够多吃回30%以上的筹码，这就是"牛市赚钱，熊市赚股"的经典操作，投资者只需进行来回波段操作实现扭亏增盈。

**2. 要从具体品种上区别对待是否需要"割肉"**

"割肉"是一种迫不得已的痛苦选择，不是大势已去，一般不要轻易采用。有不少朋友在跌势刚开始的时候，总认为股票会涨上去，不舍得"割肉"，后来随着整个趋势彻底跌得一塌糊涂了，甚至是跌去30%~50%了，万念俱灰，挥刀"割肉"。然而往往没过多长时间，"割肉"出去的股票却大涨特涨起来了，这就是没有注意"割肉"艺术。如果你的品种短期跌去了这样大的幅度，必然会产生反弹，一定要等到反弹到上行压力线的时候再去考虑操作。

对于投资者手中的具体品种，应该区别对待，有的属于长线资金运作的股，特别是具备复合增长潜力的品种，被套不过是暂时的，完全不需要"割肉"。只要长线主力没有出逃，只要上市公司业绩没有完全向坏，而你的资金又不是急需，这样的股就不要随意去"割肉"。

**3. 要从调整差价大小判断是否值得"割肉"**

换句话讲，就是这个调整是否有20%的空间，如果没有，那么就没有必要"割肉"。因为这其中的一进一出，有印花税和交易佣金的抽取，很不合算，不如耐心等待波段反弹出现的时候再出局。一般讲，投资者对待调整差价不好判断，建议采取周K线和日K线两个判断点去比照。

### 三、割肉解套的注意事项

割肉既是一种理念，也是一个计划，更是一项操作。投资者必须从战略高度认识割肉在股市投资中的重要意义，因为在高风险的股市中，首先是要生存下去，才谈得上进一步发展，割肉的关键作用就在于能让投资者更好地生存下来。可以说，割肉是股市投资中最关键的理念之一。

投资者在操作中要注意以下问题：

（1）什么时候都坚决不割肉肯定是十分错误的，但动辄频繁割肉也是十分错误的，两者都有可能被市场彻底消灭。

（2）如果需要割肉就要果断早割，千万不要犹豫不决，在犹豫的时间内损失的可能会不断加大。

（3）注意个股的买进时机，最好避免陷入割肉、止损的被动局面。合适的个股，合适的价位，合适的时机才买进，是毋须割肉的保证。

（4）不要轻视对割肉的研究思考，不懂割肉解套的，不会割肉的难以成为真正的高手。

## 第十章

# 审时度势——不同行情的快速解套法

## 上升趋势的解套

### 一、了解上升趋势中的解套

在股市中赚钱容易，亏钱更容易。股票刚上涨时不敢买，可等到股价一涨再涨时终于下定决心买进了，买进后就被套，被套后死不割肉，于是就越亏越多，等到绝望时就卖了。投资者在决定亏损股票是否止损出局之前，应该对大盘及个股做一个全面的分析。如果大盘及个股处于下跌趋势的末期、上升趋势的初期或中期，被套的股票可以持有等待解套或盈利。如果大盘及个股处于上升趋势的末期、下跌趋势的初期或中期，则应该果断割肉出局。

在上升行情中，市场处于高位，新进入者常面临今买明跌的情况，对高位的恐惧常使得投资者割肉止损，或是在大盘阶段性调整期间，10% ~ 20% 的跌幅更是引得股民争相出逃。但事实是，牛市中的每次调整只是对以前获利盘的消化和整理，只要牛市的上升轨迹不变，企业依然优质，股价必然迭创新高，解套指日可待。

### 二、上升趋势中的解套技巧

在股票下跌过程中，逢低继续买入股票，使持股成本降低，只要股票一有反弹就可快速解套。即随股价下挫幅度扩增反而加码买进，从而摊低购股成本，以待股价回升获利。不过，对于逢低补仓的方法，投资者首先要有足够的资金；其次，要确认所买股票业绩良好，未来有反弹的趋势。并且以确认整体投资环境尚未变坏，股市并无由多头市场转入空头市场的情况发生为前提。否则，极易陷入越套越多的窘境（如图10-1）。

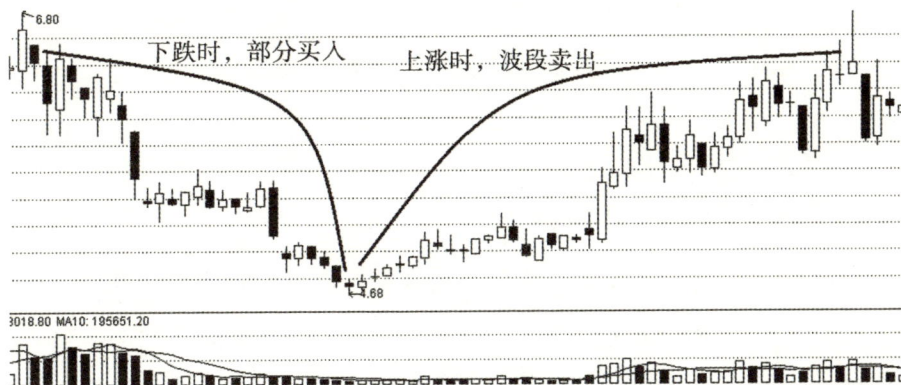

图 10-1　上升趋势解套

利用手上闲置资金摊低成本，以待股价回升的方法适用于轻仓的投资者。其优点是不管套得有多深，只要操作得当，一有反弹即可解套。缺点在于如果未能把握好摊平时机将会放大风险，越套越深。

捂股解套的策略通常适用于牛市期间或熊市末期。此法优点在于无需后备资金，无需劳神操作。缺点在于过于被动，解套与否无法自控。风险主要来自股票的选择和对市场的判断。股票价格处于底部区域，低于实际价值，交易不活跃，成交萎缩，盘面主要呈现横盘整理之态，此时下跌空间有限，不宜盲目做空或止损。与其一次次地遭受损失再面临选择，不如牢牢捂住优质股，耐心等待，以不变应万变。该方法的操作要领在于坚守价值投资理念，耐心持有，捂绩优不捂绩差。

### 三、上升趋势中解套的注意事项

上升趋势中股民要注意：

（1）上升趋势中出现暂时的回落要及时买进；而在长期上升趋势中，当有非常高的成交量出现时，无论是否获利都要果断卖出。

（2）每一条上升趋势线，一般都需要两个明显的底部才能确认。

（3）股价的上升与下跌，在各种趋势之末期，皆有加速上升与加速下跌之现象。因此，在市势反转多顶点切忌不要追高。

# 下跌趋势的解套

## 一、了解下跌趋势中的解套

股市潮起潮落，有涨有跌，没有常胜将军。炒股被套或出于偶尔的操作失误，或缘于自身投资理念存在误区。无论事出何因，投资者都应剖析自己的弱点，摆脱懊悔心理，看清市场趋势，懂得怎样"解套"，从解套中吸取经验和教训，减少今后操作上的失误。

股票在下跌的过程中，跌幅有轻重缓急之别。一般来说，市场中过分投机的个股上下波动剧烈，在涨势中涨幅大，在跌势中其下跌幅度也较一般股票深。假如在下跌趋势中投资者的股票不幸被套，一定要把握住时机，根据不同的行情进行不同的分析和解套操作。

## 二、下跌趋势的解套策略

### 1. 分批解套

即利用手中的股票分批做差价以降低成本。股价有高有低，股性有死有活，手上持股较多的投资者，不妨采取分批解套的方法，将已经解套的个股分批卖出，卖出的同时另行补进强势股，既可望从买进强势股中获利弥补损失，又可避免因为股票套牢而导致心态不好，从而出现将手中盘整已久的个股一次性卖光而遭踏空的悲剧。

比如，可将套牢个股分成多等分卖出，如第一批卖出后股价回落，则于低位补入同数股票，如第一批卖出后股价不降反升，寻机再卖出第二批，如有回落，就补入第二批卖出的股票数量，以此类推，通过几次运作，可在滚动中逐步降低成本甚至解套。当然，采用这种操作方法要了解个股的股性，特别适合波动较大的股票。如此给操作失败留有回环的余地，不必过于担心一卖了就涨而陷入被动的境地。该策略操作要领在于对市场走势敏感，熟悉个股特性，决策快速果敢。

## 2. 止损出局

暴跌后，股价泥沙俱下，此时投资者要全面审视自己手中的股票。对主力前期经过一番爆炒，股价绝对值居高不下，泡沫过度膨胀，尤其是那些不靠企业内在价值提升，纯粹由题材概念放大，股价高挂的个股，应予以抛弃与回避，只选择和保留未来有可能演化成强势股的品种并逢低吸纳。该法适用于熊市初期，尤其适用于追涨、投机性买入和股价在高位的股票急跌时。

如果投资者持有的套牢股票质地不佳，公司的经营状况及业绩逐年滑坡，就应当机立断，割肉斩仓，以求减少损失，谨防损失进一步扩大。公司的基本面出现恶化，其股价下跌是早晚之事，持有这类股票被套，长痛不如短痛，早日抛出离场，以免更大的损失。

## 3. 加码买进摊低成本

世上没有只涨不跌，也没有只跌不涨的股市。股市下跌过深，必然会有反弹，投资者可利用手上多余的资金，采取向下加码买进摊平成本的方法。加码买进摊低成本的方法很多，如平均加码法、倍数加码法和金字塔加码法。这里主要简单介绍"金字塔加码法"。所谓"金字塔加码法"，指在高位套牢后，跌至相对低位时，采取每跌破一个整数价位，递增加码买进股票的数量，直到其底部形成为止。这种方法属于被动解套法，是解套策略中的下策。因为买进时不能确认底部，股市有可能继续下跌，补仓反而可能扩大损失，这就需要对补仓的个股慎重鉴别。

在大盘暴跌、个股高台跳水时抢进的股票，一旦井喷则要卖出，使原有套牢筹码保持不增。这种逢高卖出，跌到相对低位再及时买回的波段操作的蚕食减亏法比硬撑好。这里需要提醒的是：对补仓买入的股票，见到相对高位，一定要及时兑现，因上档向下跳低缺口处阻力重重，多数股价反弹不会一步到位。

### 4. 换股

此法适用于无基本面支持或无资金关注的股票，主要是卖出弱势股，买入强势股，以新买品种的盈利抵消前者的损失。该方法的理念是追求资金解套而非股票解套，追求利益最大化。其优点是不受原被套股票的束缚，追求利益最大化；缺点是风险巨大，换股失误将是赔了夫人又折兵。因此换股一定要注意股票的质地和价位。

### 三、下跌趋势解套的注意事项

股谚道："跌势不言底"，也就是说在下跌趋势中，股价能跌到多少，大盘指数会跌到多少点，能跌多长时间，或者说底在哪里，谁也不能准确地作出预测。因此，投资者在下跌趋势中要注意，股价下跌趋势一旦形成，将会出现价跌量增，风险将迅猛而来，投资者应果断解套，万不能掉以轻心。许多投资者被深套都是因为自己认为不会深跌而未采取措施所致的。

针对沪市来讲，一轮下跌周期大约要持续 20 ~ 40 个交易日，可以说时间很长，下跌幅度很深，会使被套者备受折磨，所以早早斩仓解套方为上策。

通常情况下，股票的下跌趋势有以下先兆：第一，股票价格上升了一个阶段，绩优股已呈现出疲软状态，而一向沉闷的大盘牛皮股开始活跃起来；第二，股票的成交数创天量，股票价格却不容易得到攀升甚至反而下跌；第三，K 线图连收阴线和长上影线，人们惊慌失措。一旦以上三种先兆之一出现投资者就应立即采取退出资金的策略。

# 反弹趋势的解套

### 一、认识反弹行情的解套

下跌和反弹是方向完全相反的两种走势，必然要经过一个多空相对平衡的区域，这既要耗费一定的时间，又会在股价中有所反映，这就是我们经常提到的形态。股价不再下跌必然会带动短期均线从下跌转为走平，这是股价反弹的基础。

抢反弹分两种情况：第一种是在急跌中做弱势反弹，对买入的点位要求非常严格，因为急跌之后的反弹非常短暂，机会稍纵即逝，买在最低点风险最小。操作上要求短平快，快进快出盈利就平仓，难度非常大；第二种是在阶段性底部做波段反弹，这种做起来相对好把握一些，但要求准确判断行情，如果判断是一个波段反弹，那么反弹的高度应该相对高一些，获利目标也比较高，一旦判断失误，就会全线被套。

### 二、反弹行情解套的技巧

在反弹行情中被套后不宜大幅度斩仓，可等待反弹后卖出。在底部区域斩仓，得不偿失。市场在筑底的过程中，在超跌后都会有或大或小的反弹机会。

在实际操作中首先要看移动平均线，一般看 5 日均线。一旦我们看到 5 日均线由下降转为走平，就应高度关注。这时候其他平均线如 10 日均线、20 日均线、30 日均线还在向下运行，如果某一天股价向上突破 10 日均线，基本就可以确定波段反弹已经开始。一般情况下，股价第一次突破 10 日均线后，还会出现一定的回抽，也有可能回到 10 日均线下方。当股价再次上涨，必然会带动 5 日均线向上运行，并向上穿 10 日均线。到这个时候我们就可以完全确定反弹已经开始。

技术指标运行在相对低位也是反弹的必要条件。低位指标本身就反映市场处在超卖状态，超卖状态不可能长时间维持，必然会在适当的时间和位置出现预期的反弹。首先是指标必须运行在低位，这是反弹的首要条件；其次是指标必须在低位出现黄金交叉，这是反弹启动的标志；再次是最好能出现指标底背离状态，这样把握反弹的概率会更高。

在操作时，也应分三步走：发现 5 日均线开始走平时，可买入 1/3 仓；发现股价突破 10 日均线时，再买入 1/3 仓；股价回抽后，确认再次向上运行时，可大胆地买入最后的 1/3 仓。此时就完成了一个做波段反弹最安全最科学的操作。这样我们进可攻退可守，安然自若，轻轻松松把反弹的利润悉数收入囊中。

### 三、反弹行情解套的注意事项

回避反弹的高风险最有效的方法就是控制好自己的仓位。抢反弹时，仓位尽量不超过1/3。1/3仓所承受的风险也只有1/3，另外2/3的资金可以作为后备救援的兵力，如果操作错误，行情下跌而又错过了最佳止损时机，可以在下一个反弹的底部来补仓摊低成本，只要行情稍有反弹，就可以将上方套牢的1/3资金解救出来，说不定还能盈利。

# 盘整趋势的解套

### 一、认识盘整行情的解套

盘整是指股价在一段时间内波动幅度小，无明显的上涨或下降趋势，股价呈牛皮整理，该阶段的行情震幅小，方向不易把握，是投资者最迷惑的时候。盘整的出现不仅仅出现在头部或底部，也会出现在上涨或下跌途中，根据盘整出现在股价运动的不同阶段，我们可将其分为上涨中的盘整、下跌中的盘整、高档盘整、低档盘整（如图10-2）四种情形。

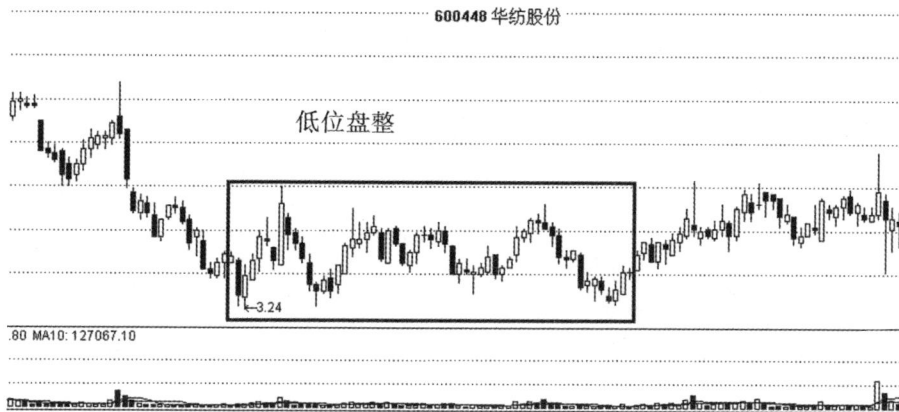

图 10-2　低档盘整

对于盘整形态来说，投资者要注意分析股价的位置，根据不同的情况进行操作。上涨中的盘整是股价经过一段时间急速的上涨后，稍作歇息，然后再次上行。其所对应的前一段涨势往往是弱势后的急速上升，下跌中的盘整是股价经过一段下跌后，稍有企稳，略有反弹，然后再次掉头下行。高档盘整是股价经过一段时间的上涨后，涨势停滞，股价盘旋波动，多方已耗尽能量，股价很高，上涨空间有限，庄家在头部逐步出货；低档盘整是股价经过一段时间的下跌后，跌势停滞，股价震荡波动，空方已耗尽能量，股价逐渐止跌企稳，下跌空间有限，庄家逐步在底部吸筹建仓。在高价区出现牛皮弱势时勿存幻想，在低价区出现牛皮势时要有信心，更需要一点耐性和警觉。

## 二、盘整行情解套的技巧

波段解套法适用于各种市场阶段的被套情况，尤其适用于震荡盘整行情，主要是依靠股价上下波动，利用波动价差解套。该方法的理念是低买高卖，逐步降低成本，缩小亏损。其优点在于操作手法变换多样，不拘一格，主动出击，如果操作得当，解套速度快。缺点在于对个人时间、精力、能力要求较高，频繁操作有一定的成本压力，操作不当也容易造成更大的亏损。

在中间位的横盘向上突破与向下突破的可能性都有，因此，应当在看到明确的有效突破之后再顺势跟进。不过，这只是一般性的原则，在多数情况下，

发生在中间位价牛皮弱市往往最终会向下突破，其原因一方面可归结为弱势的惯性；另一方面，由于人气已散，市场上看好后市的资金不多，如果没有一个较大的跌幅出现，持币的投资者是不肯在此价位轻易追高入市的。所以，注意不要轻易追高进货，见反弹要及时减磅。

股票被套后，先对大盘与手中个股之间的联系进行正确判断。如果大盘还有下跌迹象，可以先在此点位卖掉部分股票，等待个股下跌。当发现大盘有止跌迹象时，就立即重新买回该股票，然后等待大盘反弹。当发现大盘与个股向上的走势再次遇到阻力，就继续卖掉部分股票，再次等大盘下跌到下一个相对低点时买入，然后到相对高点再卖出，如此循环下去。通过这样不断地高卖低买来降低成本，最后完成解套。

高抛低吸法解套运用的前提：被套的品种一般是热门股，即成交量大、波动幅度较大、换手率高，是市场目前一段时间内的热门品种。具体操作时注意充分利用K线图上明显可识别的形态（如箱体、轨道线或通道）上的阻力位和支撑位。当股价达到阻力位附近时先抛出事先计划好的筹码数量，当股价下探到支撑位附近时再接回一定数量的筹码，如此反复几次，解套极易成功。

股票被深套后，如果大盘开始企稳，不建议再有割肉动作，而应寻找低点买入股票，等反弹到一定的高度卖出。这样来回操作几次，即可降低成本，完成解套。同时注意不要使用全部筹码和全部现金参与，主要是基于品种本身的股性——活跃热门，主力既有可能再次进行拉升，同时也有可能再次进行打压。此类办法不适用于冷门股的解套。

### 三、盘整行情解套的注意事项

对于投资者来说，在股价盘软、交投清淡的时候，不宜太迷恋市场，而应当趁此机会做一些细致的研究工作，包括对各个上市公司的调查和比较，对宏观经济情况的分析以及对一段较长的时间以来大市所走过的历程的详细的图表分析，从而发现一些潜质好的股票，准确地抓住战机。

# 热门股的解套

## 一、了解热门股的概念

热门股是指那些在股票市场上交易量大、交易周转率高、股票流通性强、股票价格变动幅度大的股票。这种股票的收益和股息可能始终保持稳定增长。热门股也可能并不是那些优良企业发行并具有投资经济效益的股票，但可能是股市上炒热的高价股。所以投资者在进行投资决策时，应在全面分析的基础上慎重做出选择。

股市中用得最多的词就是"套牢"，"套牢"并不可怕，关键是"套牢"以后如何操作"套牢"分为热门股套牢和普通股套牢，又分为被动性的高位套牢和一般的中位套牢。套牢以后，套牢之苦接踵而来，然而就像围棋中的定式转换，在股市中也完全可以化被动为主动。

## 二、热门股的解套策略

热门股涨得快，跌得更快。如其下跌 10%，还不宜补仓，更不用说在同一成本增仓，因为一旦过早补仓，往往"弹尽粮绝"。如果高位追逐热门股被套，首先必须确立一个宗旨：是救自己而不是再谋求盈利，因为第一步已经走错，千万不能走错第二步，不然"洞"越补越大，以后连"翻身"的机会都没有。

热门股套牢以后可以根据成交密集区来判断该股反弹所能摸高的位置和根据量价关系来判断该股反弹的时机。在以后的大盘反弹或上升趋势中，原先的热点很可能已经沉寂，即使大盘逐波走高，原热点题材很可能像普通股走势一样，随波逐流，所以采取的措施既不要急又不能拖。

操作中需要分析其密集区在哪里、理论上有可能存在的反弹高度、其是否已具备补仓条件和补多少等问题。仔细观察盘口，如果个股低开后，随即在大量买盘的支撑下上行，表明从终点回到起点的股价已具备补仓条件，由于在上涨和下跌过程中，其成交密集区已经不是热点，但还没有经过反弹确认，根据存量资金，可以用三倍的量补仓，待其开始中期调整。

高位套牢以后，首先要变高位套牢为中位套牢。当大盘瀑布式直泻后，许多股票回到其长期构筑的平台，由于市场平均成本及中期负乖离率，一般来说，迟早会有一波次级行情出现，许多中小投资者往往此时买一些，抱着买套的心理介入，这时不能说不会再跌，而是中期上扬空间大于短期下跌空间。如股价出现反弹，可将补仓筹码获利回吐，从而降低上档套牢筹码成本。

### 三、热门股操作的注意事项

在新股民踊跃入市的过程中，热门股的走势总是一浪高过一浪，因为选择股票有时就像选购商品，热门股就好比高知名度品牌，每一波牛市皆如此，但事实上，每一轮牛市结束之后，热门股使人爱得越深，也痛得越深，因此，投资者在热门股滚烫之时谨防灼伤。

投资者如何避免被热门股灼伤，关键是要准确判断热门股的见顶，这时的特征主要是：股价滞涨放量，即量放得很大但价格上涨变得缓慢起来。K线由阳多阴少变为阴多阳少；回调幅度较深；不再创新高；在各种媒体上对于该股的题材已经是老调重弹而没有更新的内容等。

# 第十一章

## 防患于未然——短线防套策略

## 选定目标再下手

短线操作是股场高手的游戏，要求股市知识功底深厚、熟谙庄家操盘手法、心理素质上佳，更重要的一点是要有时间时刻关注庄家一举一动。短线选股关键在热点，投资者对热点的形成一定要有敏锐的洞察力。投资者在进行投资前，一定要选定好投资目标，投资者若能掌握大盘企稳时的短线选股技巧，就可以在未来的行情发展中游刃有余。

### 一、选择成长股

所谓成长股，是指迅速发展中企业所发行的具有高报酬高成长率的股票。成长率越大，股价上扬的可能性也就越大。成长股的选择，一是要注意选择属于成长型的行业。目前，生物工程、电子仪器以及与提高生活水准相关的行业均属于成长型的行业。二是要选择资本额较少的股票，资本较少的公司，其成长的期望也就较大。三是要注意选择过去一两年成长率较高的股票，成长股的盈利增长速度要大大快于其他股票，一般为其他股票的 1.5 倍以上。

### 二、根据成交量选股

股谚曰"量为价先导",量是价的先行者,股价的上涨,一定要有量的配合。成交量的放大,意味着换手率的提高,平均持仓成本的上升,上档抛压因此减轻,股价才会持续上涨(如图11-1)。有时,在庄家筹码锁定良好的情况下,股价也可能缩量上攻,但缩量上攻的局面不会持续太久,否则平均持仓成本无法提高,抛压大增,股票缺乏持续上升动能。因此,短线操作一定要选择带量的股票,对底部放量的股票尤其应加以关注。

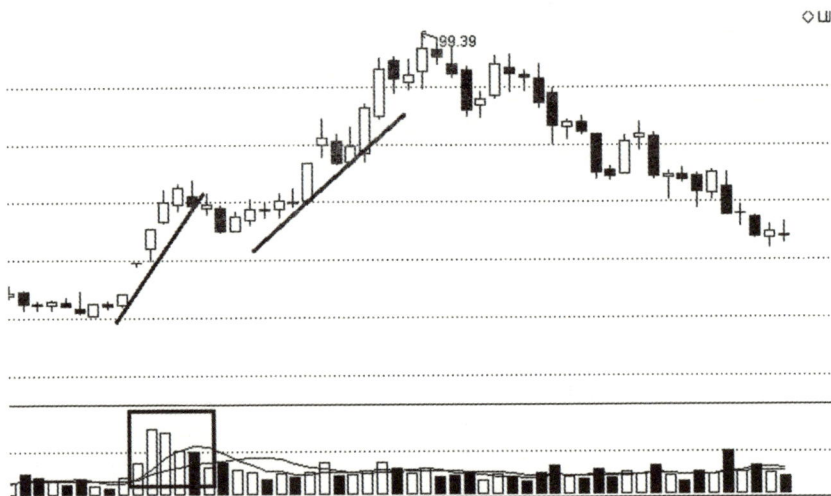

图 11-1　量先行价后涨

一只股票启动时往往5日均量线要突破50日均量线,在日成交量能持续三天超过50日均量线的时候,后面往往会有一波行情,这时买入股票相对安全。

### 三、选择绩优股

绩优股泛指实力强、营运稳定、业绩优良且规模庞大的公司所发行的股票。绩优股的特点是:投资报酬率相当优厚稳定,股价波幅变动不大。当多头市场来临时,它不会首当其冲而使股价上涨。经常的情况是,其他股票已经连续上涨一截,绩优股才会缓慢攀升;而当空头市场到来,投机股率先崩溃,其他股票大幅下滑时，绩优股往往仍能坚守阵地，不至于在原先的价位上过分滑降。

## 四、依据技术指标选股

股票市场的技术指标很多，它们各有侧重，投资者不可能面面俱到，只需熟悉其中几种便可。常用的技术指标有 KDJ、RSI 等。

值得指出的是，技术指标最大的不足是滞后性，用它作唯一的参照标准往往会带来较大误差。许多强势股，指标高位钝化，但股价仍继续飙升；许多弱势股，指标已处低位，但股价仍阴跌不止。而且庄家利用技术指标，往往进货时指标做得一塌糊涂，出货时指标近乎完美，利用指标进行骗钱几乎是庄家通用的做市手法。因此，在应用技术指标时，一定要综合各方面情况尤其是量价关系进行深入分析。

## 五、技术图形选股

短线操作，除了应高度重视成交量外，还应留意图形的变化。有几种图形值得高度关注：W 底、头肩底、圆弧底、平台、上升通道等。W 底、头肩底、圆弧底放量突破颈线位时，应是买入时机。这里有两点必须高度注意，一是必须放量突破方为有效突破，没有成交量配合的突破是假突破，股价往往会迅速回归启动位。二是在低价位的突破可靠性更高，此外，还有旗形整理、箱形整理两大重要图形。

短线操作，股价暴涨暴跌，短线高手不仅要学会获利了结，还应学会"割肉"。有勇气参与短线操作，就要有勇气认输。"留得青山在，不怕没柴烧"。当判断失误，买入了下跌的股票，应果断卖出，防止深套。短线炒股，一定要快进快出，并要设好止损位，严格按照止损位操作。

# 灵活运用投资原则

"股市唯一确定的就是不确定性"，股市之所以迷人，正在于其拥有巨大赚钱效应的同时，又充满了不确定性。对一般投资者而言，本意是期待通过投资理财增加财富，以更好地满足物质需求，提高整体生活水平，倘若为手上持有股票或基金的价格波动而日夜心神不宁，则不免因小失大。关于应对市场不确定性的个人投资理财，有以下几点投资原则可供参考。

## 一、分散投资

适度的分散投资包括两层含义。首先，不要将全部资产都投入股市。应该根据资金的性质和自身的需求，将资产在现金、储蓄、债券、保险、房产和股票等理财渠道间进行合理的分配。要建立合理的股票组合，避免一招不慎，全军覆没，这也就是通常所说的"不要把鸡蛋都装在一个篮子里"。用于股票投资的部分只应是计划中可以长期使用的"闲钱"。

其次，不要将资金在一个时间点上集中投入，因为股票的价格具有波动性，应将其分期分批地投入股市，使资金的投入在时间上有一定的跨度，在价格选择上留有一些余地，从而避免在最高价位上一次投入。投资于股票上的资金也需要适当的分散，最好能够同时持有不同类型的绩优股，或者买进投资更为分散的指数型基金。分散投资可以降低组合市值波动的风险，也可以避免因个别股票发生预料之外的状况而招致巨大压力。股市投资的成败，不是由短期内的赚钱速度决定，而要看是否具备持续稳定盈利的能力。

分散投资，虽不能完全消除投资风险，但通过股票组合，可将不同股票互相搭配，避免单个股票带来的风险。通过分期分批投入，可将高低价格予以平均，虽然失去了在最低价位一次性买入的机会，但却能避免将资金在最高价位全部套牢的风险。

## 二、选择适合自己的

世上没有免费的午餐，高质量的市场研究不是免费的，免费的市场分析可能有误导股民的目的在里面，所以最可靠的市场分析是你自己或者你几个同道朋友的潜心研究。大家买衣服时，都要试一试，感觉一下衣服是否能显示自己的身份和气质。但是，许多人在买股票时，可能根本没有花时间想一想，做一些市场分析。买一件 200 元钱的衣服，可能要花一个小时；买一只朋友推荐的股票，花了上万块钱，却只花了 5 分钟时间。

现在比较流行的研究方法包括从上到下和从下到上两个基本研究方法。从上到下法，先看市场大势，再看行业前景，然后是具体企业盈利和市场竞争情况。反之则为从下到上法。大部分人是结合使用两种方法，从而避免一些失误。

## 三、注重风险管理

巴菲特说，股票投资的原则有两条：第一条，不要赔钱；第二条，就是记住第一条。巴菲特在股票市场的成功，风险管理的重要性不可低估。股票投资的第一原则就是风险管理。不考虑风险管理，这是许多人在股市动荡中妻离子散的根本原因。

股票投资的风险管理包括两部分：客观风险承受能力和主观风险承受能力。客观风险承受能力由个人的经济实力和家庭收入决定。投资股票的钱，必须是用于长期投资的钱。主观风险承受能力，则由个人的性格决定。进入股市以后，如果你每天都惦记着股市的变化，就说明你的股票投资已经超过了主观风险承受能力。在这种情况下，最好退出股市，或者减少投资。

## 四、不能追涨杀跌

风险管理是为投资服务，不能由于担心风险而放弃投资机会，就像人不能因噎废食一样。有人打趣说，船停在港湾里很安全，但船不是用来停泊在港湾里的。购买股票的人大致分为两类：投资人和投机人。投资人以长期回报为目的，有自己的投资理念和投资纪律。投机人则是短期投资行为，目的是在股票市场动荡中火中取栗，快进快出。

巴菲特有一名言，人们去菜市场买菜，价格高时会少买一些，价格低时就会多买一些。但是，人们在购买股票时，行为则刚好相反。同样一只股票，涨10%以后，大家争着去买；跌了10%以后，大家争着去卖。就单只股票而言，由于特定的原因，跌了以后卖掉是有其合理一面的。但是股票指数则没有必要在大跌以后卖出。相反，大跌以后才是买入的好机会。

### 五、努力学习投资技巧

从事任何一种工作，都需要较长时间的知识积累和专业训练。我们上大学，然后上研究生，之后工作，又在工作中学习，最终在工作中得心应手，成为一个合格的工作人员。股票投资也是一门学问，可以让大家放下身段，潜心学习，在股票投资中锻炼自己的心理承受能力，并积累金融财经知识。功夫不负有心人，钱是"苦"来的，在哪个行业都一样，股票投资也不例外。

许多人买了两本股票投资方面的书，业余时间念两遍，就自以为对市场有了充分了解，把好不容易挣来的钱拿到股市中去赌一把，所以结果很可能就是花钱买个教训。

以为通过自己对股市一年半载的观摩，就可以去股市轻松赚钱，那是低估了股市的从业人员。股票投资跟其他任何行业一样，做好也需要长期的学习和研究。

# 努力学习投资技巧

很多在股市中成为富豪的人不是靠一时的小技巧盈利的，而是通过正确的投资理念保持稳定收益的。比如巴菲特通过股票投资而成为世界富豪，他炒股就没有过于花哨的技巧。投资技巧的最高深技巧就是没有技巧，也就是能够超越一般的技巧、凭借着正确的投资理念来获取长期稳定收益方法。

### 一、量体裁衣

股票和人一样，每只股票都有各自的性格。投资者长期炒作某只股票时，往往能十分了解其股性。即使这只股票素质一般，表现平平，熟悉该股股性的投资者也能从它有限的波动区间中获取差价。但如果某只股票外表一时极为光鲜，投资者贸然买进后由于不熟悉该股股性，在它调整时不敢补仓，在它稍有上涨时就急忙卖出，即使这是一匹黑马，投资者也很难从中获得较高的利润。

运用自己最熟悉的理论，在自己最熟悉的市场环境投资自己最熟悉的股票，这是最容易获利的方法。对那些"故弄玄虚"、"花样翻新"或者属于"雾中看花"类的所谓绝技、绝招，则最好不要去碰。

### 二、分批买卖

分批买卖法指的是当股价下跌到一定程度后，投资者开始进入股市分批购进；而当股价上扬一定高度后，则开始将持有股票予以分批售出。分批买卖法是基于克服人性的优柔寡断弱点而应运而生的一种投资方法。

分批买卖克服了上述只选择一个时点进行买卖的缺陷。由于分批买卖进行的是多次买进和多次卖出，故而当股价下跌到某一低点时，投资者就可以毫不犹豫地予以买进，即使是买入后股票仍继续下跌，投资仍可陆续予以购买。

至于分批买卖的时机，投资者最好根据一些技术分析的手段予以确定。通常的确定方法是，当一种股票的相对强弱指标低于 20 时，表示该种股票价格已经较低，其反弹的可能性很大，此时宜入市分批买进；而当相对强弱指标达 80 以上时，表明该股票的价格已处高位，其下跌的可能性极大，此时应毫不犹豫地将所持股票分批卖出。

### 三、善于总结经验

成功的投资者在失败后善于总结教训，能够静下心来解读和认识中国股市，避免重犯错误。因此，成功的投资者是不会被一块石头绊倒两次的。总结经验教训可以发现自己的弱点所在，同时也为自己在股市中找准了位置，便于自己在合适的时机选择合适的方法实施合适的投资策略。

### 四、短线操作

短线操作是指当某种股票出现上扬行情时大量买进，待在短期内股价上涨到一个可观的高度又予以全部卖出的投资技巧。短期获利的策略依据是，当股票价格涨升到一定的价位时，往往会造成较大的起伏波动，此时极易汇成争购的人潮，使股价出现持续的攀长现象，并创出一定时期的最高行情。短期获利法较适合那些积极进取的股票投资者选用。

采取此种投资方法的观点是能抓住股价上涨时期的获利机会，提高资金的产出效果，但其不足之处在于，一是高价购进之后，可能会出现行情反转之势而使投资者蒙受损失；二是在更高的价位上卖出时，可能行情会继续升高，而不能获取最大效益。因此，采取短期获利法需要注意两点：一是要加强股市行情分析和预测，二是要选好买卖股票的时点。

# 合理的风险规避

风险规避是风险应对的一种方法，是指通过计划的变更来消除风险或风险发生的条件，保护目标免受风险的影响。风险规避并不意味着完全消除风险，我们所要规避的是风险可能给我们造成的损失。一是要降低损失发生的概率，这主要是采取事先控制措施；二是要降低损失程度，这主要包括事先控制、事后补救两个方面。

股市如战场，证券投资和行军打仗一样，投资者同样也需要认清隐藏在顺境背后的风险。根据市场环境，投资者要重点掌握以下几种风险控制原则。

### 一、分散系统风险

股市操作有句谚语——"不要把鸡蛋都放在一个篮子里"，这话道出了分散风险的哲理。办法之一是"分散投资资金单位"。采取分散投资的方法来降低风险，即使有不测风云，也会"东方不亮西方亮"，不至于"全军覆没"。办法之二是"行业选择分散"。因为共同的经济环境会对同行业的企业和相邻行业的企业带来相同的影响，如果投资选择的是同行业或相邻行业的不同企业，也就达不到分散风险的目的。办法之三是"时间分散"。短期投资宜在发息日之前大批购入该股票，在获得股息和其他好处后，再将所持股票转手；而长期投资者则不宜在这期间购买该股票。因而，证券投资者应根据投资得不同目的而分散自己的投资时间，以将风险分散在不同阶段上。当然，分散投资要适度，持有股票种类数过多时，风险将不会继续降低，反而会使收益减少。

### 二、回避市场风险

在市场整体趋势向好之际，不能盲目乐观，更不能忘记了风险而随意追高。股市风险不仅存在于熊市中，在牛市行情中也一样有风险。如果不注意，即使是上涨行情也同样会亏损。市场风险来自各种因素，需要综合运用回避方法。

一是要掌握趋势。对每种股票价位变动的历史数据进行详细分析，从中了解其循环变动的规律，了解收益的持续增长能力。

二是搭配周期股。为了避免因股价下跌而造成的损失，可策略性地购入另一些开工、停工刚好相反的股票进行组合，互相弥补股价可能下跌所造成的损失。

三是注意投资期。企业的经营状况往往呈一定的周期性，经济气候好时，股市交易活跃；经济气候不好时，股市交易必然凋零。要注意不要把股市淡季作为大宗股票投资期。

四是选择买卖时机。以股价变化的历史数据为基础，算出标准误差，并以此为选择买卖时机的一般标准，当股价低于标准误差下限时，可以购进股票，当股价高于标准误差上限时，最好把手头的股票卖掉。

### 三、防范经营风险

在购买股票前，要认真分析有关投资对象，即上市公司的财务报告，研究它现在的经营情况以及在竞争中的地位和以往的盈利情况趋势。把能保持收益持续增长、发展计划切实可行的企业当作股票投资对象，而和那些经营状况不良的企业或公司保持一定的投资距离，就能较好地防范经营风险。如果能深入分析有关企业或公司的经营材料，并不为表面现象所动，看出它的破绽和隐患，并作出冷静的判断，则可完全回避经营风险。

事实上，涨市中比跌市中更要强调风险。首先，在弱市中，投资者资金市值的减少往往是非常现实和残酷的，这时，即使没有人提醒，投资者也会清醒的认识到风险控制的重要性。而在强市中，投资者往往会因为行情好而麻痹大意，从而导致投资失误。在熊市中股价不断下跌，投资者很自然地把控制风险放在第一位；在牛市行情中，股价不断地上涨，风险也就逐步集聚，但多数投资者在盈利后，总是想赚取最后一分利润，不能及时获利了结，保住胜利果实，结果很可能是竹篮打水一场空。

# 洞悉庄家的操作手法

跟庄必先识庄，也就是说必须了解庄家的行为，掌握庄家的操作手法。庄家在选择股票后，通过各种方法对大势做出客观的分析，然后决定操作手法与资金分配，并事先策划好上涨或者下跌的对策，这样无论在牛市还是熊市中，都能够轻松获利。

### 一、前期准备

进庄的前期准备：掌握最好的进庄时机和选准操作的股票。

跟庄要讲究"天时、地利、人和"。天时，即指最好的进庄时机，一般是当宏观经济运行至低谷而有启动迹象之时，此时入庄意味着在日后的操控过程中能得到来自基本面的正面配合，能顺应市场大趋势的发展。从本质上来讲，庄家只是大规模的投资者，他们的进庄行动也必须符合市场发展趋势的要求。地利，即是选择合适的个股。人和，即与各方面关系协调。

## 二、建仓

庄家常用的吸货手法是：先设法打穿重要的技术支撑位，引发技术派炒手的止损盘，形成股价向淡形态，同时散布利空传闻，动摇投资者持股信心。但是，在股价走势最恶劣的时候，却有一股力量在悄悄吸纳，群众在恐慌之余回神一看，股价却并没有下跌多少。

## 三、洗盘

### 1.试盘

庄家为了了解该股的筹码锁定程度，必须在风平浪静时出其不意地猛然将该股的股价作大幅地拉升，然后让其自然回落，以便测试盘中筹码的抛压情况。或在有准备的情况下，将用手中的少量筹码出其不意地将该股的股价突然大幅打低，以便观察有多少恐慌抛盘吐出或有多少场外买盘对它的低价位感兴趣而去展开买进动作，以此了解打压该股的下档支撑极限。

### 2.洗盘手法

洗盘的主要目的在于垫高其他投资者的平均持股成本，把短线跟风客赶下车去，以减小进一步拉升股价的压力。同时，在实际的高抛低吸中，庄家也可以赚取可观的差价，以弥补拉升段付出的较高成本。常用的洗盘手法有：打压洗盘、震荡洗盘和向上洗盘。

向下打压股价的方式最能达到清洗获利浮码的目的，可使跟风盘感觉已经到手的利润将要失去，由于恐惧利润的消失甚至反遭套牢亏损而抛出持有筹码。震荡洗盘是庄家利用散户对无知的恐惧和对既得利益的贪婪达到洗盘的目的。向上洗盘适用于庄家实力超强或行情发动的时间要求急迫时。利用每天盘中的大幅上下震荡吓出部分胆小的散户，从而达到边拉升边洗盘边建仓的目的。

## 四、拉升

采取的主要策略是大规模对倒推高股价，同时利用已控制的上市公司或与上市公司勾结发布"利好"消息同步配合。庄家对股价的控制能力基本上决定于他控制筹码的程度。正是因为散户手中很少持有，绝大部分抓在庄家手上，这样的股票拉升起来极少有获利压力，而盘中巨大的成交量大部分是庄家自买自卖造出来的，庄家当然可以随心所欲地控制股价。

## 五、出货

出货是庄家操作中最关键的一环，也是最难的一关，它直接决定坐庄的成败。一般来讲，庄家出货的手法有三种：振荡出货、拉高出货、打压出货。

振荡出货法是在高价区反复制造振荡，让散户误以为只是在整理而已，于振荡中慢慢分批出货。拉高出货法是发布突发性的重大利好消息，之后巨幅高开，吸引散户全面跟进，这时一边放量对倒，一边出货，往往一两天就完成出货操作。直接打压股价出货是因为庄家发现了突发性的利空，或者某种原因迫使庄家迅速撤庄。这种出货方式阴险毒辣，容易将股性搞坏，一般庄家不愿采用。

庄家在操作任何一只股票时，绝对不可能满仓进满仓出，而是将资金分成若干等份。根据大势的不同，决定介入仓位的多少。而且庄家在介入一只股票之前，一定会考虑到上涨或者下跌情况的对策，涨到什么价位卖，跌到什么价位补仓。有时候庄家还会主动买套，为了不引起散户的注意，庄家不能够全部在低位买进，而是在接近低点的时候轻仓介入，然后越接近低点，介入的仓位越重，这样虽然前期的筹码被套，但后期介入的仓位重，一个小的上升行情，不仅能够解套，还能够轻松获利。

# 识别庄家的隐蔽陷阱

主力机构为了达到洗盘或出货的目的，一般会想方设法引诱中小投资者进场追涨或杀跌。随着广大投资者对庄家操作手法的认识，庄家制造陷阱的手法也越来越隐蔽，越来越多变。

谈到庄家的操盘手法，那真是戏法人人会变，只是巧妙各有不同。在股市，没有被庄家骗过的人不多，庄家在整个炒作过程中设有多个陷阱，主要表现在两方面，一是信息方面的陷阱，二是技术分析上的陷阱，手法多种多样，变化无常，常使中小投资者无所适从，但是有一点是改变不了的，庄家的目的亦是为了赚钱，在正常情况下不赚钱它是不会走的。

在股市中理智的人很少，当然太有理智的人也不会进入股市。人性是很"贪"的，庄家炒作股票之所以会成功，主要原因之一，就是大多数散户在股市的投资中既不理智，又极贪心。而大多数股友买进股票容易，卖出股票却很难，因为舍不得卖股票是股友的通病。投资者只有正确地区分多头陷阱和空头陷阱，才能正确把握主流行情。

## 一、多头陷阱

所谓多头陷阱，是指庄家利用消息、资金或其他手段操纵图表的技术形态，使其显现出多头排列的信号，诱使投资者买入。多头陷阱往往发生在行情盘整形成头部时，成交量已开始萎缩，但多数投资者对后势尚未死心，不愿杀跌出场，因而其形态完成时间相对较长，在多头市场形成多头陷阱往往是在中段整理过程中；主要均价线的支撑有越来越靠近市场行情价格的趋势，原上升角度逐渐从陡峭趋于缓和，这种情形暗示只要未来有一根长阴，则均线的支撑系统将悉数被破坏。量的萎缩期开始形成，且中短期均量线有形成下降的趋势，甚至可能略微呈现 M 头的态势。

庄家设置多头陷阱是为了让散户在高位追进，从而达到其出货的目的。多头陷阱常发生在一种股票新高价成交区内，股价突破原有区域达到新的高峰，随后急速滑落跌破以前的支撑位，结果使在高位买进的投资者严重被套。更形象地说是"多头陷阱"捕捉到了那些在股价最后上涨时买进的人，或是在突破后买进的人，使陷入陷阱里的投资者遭受损失。

庄家为把货仓里的股票转手给散户，时常会制造市场的乐观气氛。

多头陷阱在股市中经常会有，由于它欺骗性大，上当者多，往往给投资者造成巨大损失。在股市中行走，不认识庄家设置的多头陷阱，散户必定会栽大跟头。

### 二、空头陷阱

所谓空头陷阱，简单地说就是市场主流资金大力做空，通过盘面中显现出明显疲弱的形态，诱使投资者得出股市将继续大幅下跌的结论，并恐慌性抛售股票的市场情况。空头陷阱则往往发生在行情盘整形成底部时，成交量同样极度萎缩，但多数投资者因极端看淡后市而不愿买多介入，故其形态完成时间也相对较长。

在多头市场中的空头陷阱是行情价格往往处于大回档调整后的盘整阶段；或者在空头市场中的阶段性下挫之后的盘底阶段。主要均价线的压力有越来越接近市场行情价格的趋势，原下跌角度逐渐从陡峭趋于缓和。这种情形下，只要未来有一根长红，则均线的反压系统就可能被克服。量虽萎缩，但中短期均量线有形成上翘之势，甚至可能略微呈现 W 底态势。

主力资金往往会利用宣传优势，营造做空氛围。所以当投资者遇到市场利空不断时，反而要格外小心。因为，正是在各种利空消息满天飞的重磅轰炸下，主流资金才可以很方便地建仓。空头陷阱在成交量上的特征是随着股价的持续性下跌，量能始终处于不规则萎缩中，有时盘面上甚至会出现无量空跌或无量暴跌现象，盘中个股成交也不活跃，给投资者营造出阴跌走势遥遥无期的氛围。恰恰在这种悲观的氛围中，主力往往可以轻松地逢低建仓，从而构成空头陷阱。

空头陷阱在 K 线走势上的特征往往是连续几根长阴线暴跌，贯穿各种强支撑位，有时甚至伴随向下跳空缺口，引发市场中恐慌情绪的连锁反应。在形态分析上，空头陷阱常常会故意引发技术形态的破位，让投资者误以为后市下跌空间巨大，而纷纷抛出手中持股，从而使主力可以在低位承接大量的廉价股票。在技术指标方面，空头陷阱会导致技术指标上出现严重的背离特征，而且不是其中一两种指标的背离现象，往往是多种指标的多重周期的同步背离。

在判断市场是多头陷阱还是空头陷阱时，盘面表现是关键，在一些主力手法很隐蔽时，判断会比较困难，但有一个要点，即一定要谨慎。多头陷阱的应对策略是：在盘头形态或尚未确认的中段整理时，宁可保持观望的态度，待支撑固定后再行做多不迟。否则，多头陷阱一旦确立，必须在原趋势线破位后停损杀出，因为在以后的一段可观的跌势中，放空的利润或许足以弥补做多的停损损失了。

空头陷阱的操作策略是：在盘底形态或筑底过程中，宁可保持观望的态度，待（多头市场的）支撑失守后（或空头市场的压力确认坚固后）再行放空不迟。否则，空头陷阱一旦确立，必然在原趋势线突破后介入做多，因为以后的一段可观的涨势中做多的利润将远大于放空停损的损失。

# 培养成熟的心态

要成为炒股专家，真正直接有用的专业知识并不多，因为这些知识并没有严格的对错之分，其对错因人而异。和技巧同样重要的是心态，股市如同人生，股市投资也是一种人生的修炼，它会在成功与失败中磨练人的灵魂。股市能够使人的缺点放大，也会使人的精神得到升华。你需要具备一定的素质，要有正确的心态。这些素质和心态是一般人或多或少都具备的，但具备并不够，要完美。具备只能让你有时赚到钱，只有完美了，你才会有信心不断赚到钱。这些正确的心态至少包括以下几方面。

## 一、相信自己

快、准、狠，是投机高手的绝技。有很多人认为很难做到，既然自己都认为很难做到，那别人一定认为你根本做不到。因为你自己都没有信心，那别人当然对你也没信心。自信是在任何行业成功的首要条件。你自己都不相信自己，那么，在困难面前你就会打退堂鼓。相信自己的能力，相信自己能够学习所需的技能且在实践上获得成果。只要自己非常有信心，并不断地努力学习，相信你一定能心想事成。

## 二、独立思考

要学会独立思考和独立判断的能力，不要人云亦云。对任何事情，都要从正反两个方面入手，才能对事情做出理性的分析。不要大家都追捧热门股，你也追捧热门股。要用自己的经验和直觉评价一下热门股后面的理由是否站得住脚。当面对不同意见的时候，静心地思考一下对方的理由。

## 三、积累经验

学习成功人士的经验和教训，能在短时间内使你自己炒股水平有质的飞跃。加强学习，不断提高自己的文化知识水平，不断提高自己对中国经济形势以及国际经济形势的认识。人们常说：看大形势赚大钱，看小形势赚小钱，不看形势要赔钱，看错形势赔大钱。通过学习，目的在于正确认识中国股票市场发展趋势和变化规律，确立自己参与股票市场的基本态度。比如，通过学习和分析，认为股票市场具有长远发展前景，就可以采取积极参与的态度，如果认为股票市场前景暗淡，最好趁早回避可能出现的风险。

一句话，只有掌握了足够的知识，包括证券专业知识及相关知识，才能克服恐惧和贪婪。只有你的水平达到最高境界，才能不但克服恐惧和贪婪，也具有了更加的贪婪的资本。

## 四、减轻压力

为自己营造一个较为自由和宽松的资金面，尽量利用自己可以长期使用的资金，尤其是个人的闲散资金，减轻因为资金方面带来的经济压力和心理压力，轻装上阵。具有这样的资金背景支持，对于减轻心理压力、保持一个豁达开朗的心情非常重要。资金面的自由和宽松，使投资者可以放心立足于在股票市场长期作战，自由、灵活调度自己的资金进行多种投资组合。

### 五、设置止损

正确估计自己对股票市场的风险承受能力，在此基础上确定自己的操作策略。

学会止损，是你炒股水平提高的标志。只有止损，才能把你炒股的损失降到最低，认赔出局，总结经验和教训，以后再卷土重来。当你炒股不再亏钱的时候，你的水平已经大大提高了。只有学会空仓和忍耐，等待时机的出现，一旦时机成熟，且符合综合技术分析的买入条件，就重仓出击，相信一定会有丰厚的回报。

正确的投资理念对投资者来说至关重要。正确的投资理念来自投资者自身的修养。要有一颗平常心，没有必要急功近利，不要幻想一锄头挖出一个金娃娃，也不必过分地担忧短期内股票市场的上涨下跌。在这样的投资理念指导下，可以避免很多操作上的失误而不被套。

# 第十二章

## 经典策略——获利解套实战分析

## 趋势线解套分析

### 一、认识趋势线

目前各种分析软件都有画线功能，通过在走势图上画线来了解行情发展趋势和个股买卖时机，这种方法被称为"切线分析"。

切线就是趋势，趋势线根据股价波动时间的长短分为长期趋势线、中期趋势线和短期趋势线。长期趋势线应选择日 K 线波动点作为画线依据，中期趋势线则是小时图 K 线波动点的连线，而短期趋势线建议利用 5 分钟或 15 分钟线图的波动点进行连线。

### 二、趋势线解套分析

一般来讲，长期趋势线（均线）跌破的个股，意味着情况向坏，那么，在跌破这些技术位，且反弹无力收复的时候，必须清仓。在随后的时间里，必须耐心等待股票见底，如果出现持续三个低点走高，可以沿下方低点买回前期清仓筹码。第一个点和最后一个点都是买回的机会，不过前两个低点只能够试探买进，毕竟探底趋势还在进行，以防再次下行。一般这样的方法可以赚取前期更多的筹码，扭亏解套不需要等到前期卖出位置就能够实现。

趋势线不应过于陡峭，否则很容易被横向整理突破，失去分析意义。在研判趋势线时应谨防庄家利用趋势线做出的"陷阱"。一般来说，在股价没有突破趋势线以前，上升趋势线是每一次下跌的支撑，下降趋势线则是股价每一次回升的阻力。股价在突破趋势线时，如果出现缺口，反转走势极可能出现。并且出现反转后股价走势有一定的力度。股价突破下降趋势线的阻力而上升时，一般需大成交量的配合，而股价向下突破上升趋势线时，成交量一般不会放大，而是在突破后几天内成交量急剧放大。

个股跌破趋势支撑线后，一般会有技术反弹，但是，第一次反弹无法收复前期上升趋势线，则不要幻想是挖坑洗盘了。这个时候，股票还会进行新一轮下跌，这样的情况下斩仓，一般只会有小幅亏损，绝对不会深套和重亏。在大势向坏的情况下，能够少亏就是赚，就是赢，此时的果断割肉会为下一波行情的到来保留足够的实力。

一般来讲，下降趋势比较明显，而且下降通道能够形成10%的波动空间的股票适合这个方法，当然，投资者技术手法要精湛。通常，这样的下降趋势规律性比较强，适合波段高抛操作。不过，容易出问题的环节就是，一旦股票涨到下降趋势上轨第一个和第四个点的时候，有的投资者容易产生幻想和留恋，认为股票会单边上涨，于是心里犹豫而不抛售，结果补仓筹码再次被套。因此，此类操作者，一是需要良好的技术手段做保障，二是需要过硬的心理素质。

### 三、趋势线解套的注意事项

画趋势线时应尽量先画出不同的实验性线，待股价变动一段时间后，保留经过验证能够反映波动趋势、具有分析意义的趋势线。以上升趋势线的修正为例，当股价跌破上升趋势线，后又迅速回到该趋势线上方时，应将原使用的低点之一与新低点相连接，得到修正后的新上升趋势线能更准确地反映出股价的走势。

# 均线解套分析

## 一、了解均线

所谓均线，是指以最近几日、几周、几月或几年的个股价格加权平均所求得的线性关系，它代表了股票持有人在周期内的平均持仓成本。

所谓移动平均线，是指一定交易时间内（日、周、月、年）的算术平均线。如以 5 日均线为例，将 5 日内的收盘价逐日相加，然后除以 5，得出 5 日的平均值，再将这些平均值在图纸上依先后次序连起来，这条绘出的线就叫 5 日移动平均线。

## 二、均线解套技巧分析

超跌的个股往往孕育着机会。股市在一定意义上是把一部分人的钱财转到另外一部分人口袋的游戏，遵循的是能量守恒定律。如果某只股票让不少人深套，买入者大亏其本，那他们的钱流到哪里去了呢？流到专捡便宜货的投资者手中了。中长线投资者只要看哪只股票套得最深、亏得最惨，将这只股票买回来持有一段时间，总会有良好的回报。总之要远离已有很大涨幅的个股，亲近超跌并使许多人被深套的个股，这些个股已跌无可跌，往往会爆出冷门来。当然，对基本面恶化的个股则不可介入。

股价从平均线下方向上突破，平均线也开始向右上方移动，可以看作是多头支撑线，股价回跌至平均线附近，自然会产生支撑力量，短期平均线向上移动速度较快，中长期平均线向上移动速度较慢，但都表示一定期间内平均成本增加，卖方力量若稍强于买方，股价回跌至平均线附近，便是买进时机，这是平均线的助涨功效，直到股价上升缓慢或回跌，平均线开始减速移动，股价再回至平均线附近，平均线失去助涨效能，将有重返平均线下方的趋势，最好不要买进。

在多头市场中，平均线一般不应跌破 60 日线，如无利空消息而股价跌破 60 日线，可于 60 日线处加码买进，以摊低成本。如有利空消息而跌破 60 日线，需先在 60 日线处认赔出局，等下跌至出现阳实体时，再入场作多，以补回损失。在多头市场中，跌破 120 日线，表示该个股步入下降趋势，如套牢价格已高于 120 日线价格一倍以上，则不宜盲动。在空头市场时，股票大多处于下跌走势，此时不宜补仓，应在 K 线出现岛形反转的信号后再进场摊平。

反过来说，股价从平均线上方向下突破，平均线也开始向右下方移动，成为空头阻力线，股价回升至平均线附近，自然产生阻力，因此平均线往下走时股价回升至平均线附近便是卖出时机，平均线此时有助跌作用。直到股价下跌缓慢回升，平均线开始减速移动，股价若再与平均线接近，平均线便失去助跌意义，将有重返平均线上方的趋向，不需急于卖出。

在盘局中如 5 日线下跌至于 10 日线，20 日线交叉，却不再呈下跌趋势，可于 10 日线处加倍买进，并于收盘价处于 20 日均价上方 50% 处全部抛出。如股价自高位反转，至前期低位处，且前期低位价格恰为 60 日平均价，可加码买进，待上涨至前期高位区时再全部抛出。如 60 日线、20 日线始终维持多头走势，可于当日收盘价位于 60 日平均价时采取买入行动；当收盘价高于 60 日平均价 30% 以上时，可分批抛售来摊平已套牢筹码，就这样反复操作，最终达到完全解套。

大盘阴跌绵绵，中长线投资者再次经受严峻考验。有的人在阴跌中感叹大势已去，有人却在乌云密布之际发现了机会。下跌剥夺了一部分投资者的财富，又给了另一部分投资者以逢低买入的机会。被套者特别关心如何解套，如何补仓摊低成本，如何减亏甚至扭亏为盈，中长线投资者应掌握一些逢低补仓的技巧。

补仓应该是在股价下跌后，而不应在股价上涨时。补仓时可重点关注先于大盘展开调整、前期走势弱于大盘的个股，这些个股往往先于大盘探明底部，根据涨跌规律，先跌的股往往也先涨。

### 三、均线解套的注意事项

投资者在利用均线解套时需注意的是，通常越长期的移动平均线，越能表现稳定的特性，即移动平均线不轻易往上往下移动，股价的涨势真正明朗了，移动平均线才会往上延伸。而且股价开始回落之初，移动平均线却是向上的，等到股价下滑显著时，才见移动平均线走下坡，这是移动平均线最大的特色。越短期的移动平均线，安定性越差，越长期移动平均线，安定性越强，但也因此使得移动平均线有延迟反应的特性。

在股价原有趋势发生反转时，由于 MA 的追踪趋势的特性，行动往往过于迟缓，调头速度落后于大趋势。这是 MA 的一个极大的弱点，等 MA 发出反转信号时，股价调头的深度已经很大了。

# KDJ 指标解套技巧

### 一、了解 KDJ 指标

KDJ 指标又叫随机指标，是由乔治·莱恩博士（GeorgeLane）最早提出的，是一种相当新颖、实用的技术分析指标。它起先用于期货市场的分析，后被广泛用于股市的中短期趋势分析，是期货和股票市场上最常用的技术分析工具。

随机指标 KDJ 是以最高价、最低价及收盘价为基本数据进行计算，得出的 K 值、D 值和 J 值分别在指标的坐标上形成的一个点，连接无数个这样的点位，就形成一个完整的、能反映价格波动趋势的 KDJ 指标。它主要是利用价格波动的真实波幅来反映价格走势的强弱和超买超卖现象，在价格尚未上升或下降之前发出买卖信号的一种技术工具。

### 二、KDJ 指标解套技巧分析

当 J 曲线开始在底部（50 以下）向上突破 K 曲线时，说明股价的弱势整理格局可能被打破，股价短期将向上运动，投资者可以考虑少量长线建仓。当 J 曲线向上突破 K 曲线并迅速向上运动，同时曲线也向上突破 D 曲线，说明股价的中长期上涨行情已经开始，投资者可以加大买入股票的力度。

当 K、D、J 曲线开始摆脱前期窄幅盘整的区间并同时向上快速运动时，说明股价已经进入短线强势拉升行情，投资者应坚决持股待涨。当 KDJ 曲线与股价曲线从低位（KDJ 值均在 50 以下）同步上升，表明股价中长期趋势向好、短期内股价有望继续上涨趋势，投资者应继续持股或逢低买入。

一般而言，在一个股票的完整的升势和跌势过程中，KDJ 指标中的 K、D、J 线会出现两次或以上的"黄金交叉"情况。当股价经过一段很长时间的低位盘整行情，并且 K、D、J 三线都处于 50 线以下时，一旦 J 线和 K 线几乎同时向上突破 D 线时，表明股市即将转强，股价跌势已经结束，将止跌朝上，可以开始买进股票，进行中长线建仓。这是 KDJ 指标"黄金交叉"的一种形式。

当股价经过一段时间的上升过程中的盘整行情，并且 K、D、J 线都处于 50 线附近徘徊时，一旦 J 线和 K 线几乎同时再次向上突破 D 线，成交量再度放出，表明股市处于一种强势之中，股价将再次上涨，可以加码买进股票或持股待涨，这就是 KDJ 指标"黄金交叉"的另一种形式。

当股价 K 线图上的股票走势一峰比一峰低，股价在向下跌，而 KDJ 曲线图上的 KDJ 指标的走势是在低位一底比一底高，这叫底背离现象。底背离现象一般是股价将低位反转的信号，表明股价中短期内即将上涨，是买入的信号。

当 KDJ 曲线在 50 下方的低位时，如果 KDJ 曲线的走势出现 W 底或三重底等底部反转形态，可能预示着股价由弱势转为强势，股价即将反弹向上，可以逢低少量吸纳股票。如果股价曲线也出现同样形态更可确认，其涨幅可以用 W 底或三重底形态理论来研判。

### 三、KDJ 指标解套的注意事项

当行情处在极强极弱单边市场中，日 KDJ 出现屡屡钝化，应改用 MACD 等中长指标；当股价短期波动剧烈，日 KDJ 反应滞后，应改用 CCI，ROC 等指标；KDJ 在周线中参数一般用 5，周 KDJ 指标见底和见顶有明显的提示作用，据此波段操作可以免去许多辛劳，争取尽快解套。需提示的是一般周 J 值在超卖区 V 形单底上升，说明只是反弹行情，形成双底才为可靠的中级行情；但 J 值在超买区单顶也会有大幅下跌的可能性，所以应该提高警惕，此时应结合其他指标综合研判；但当股市处在牛市时，J 值在超买区盘整一段时间后，股价仍会大幅上升。

# MACD 指标解套技巧

### 一、了解 MACD 指标

指数平滑异同移动平均线，简称 MACD，它是一项利用短期指数平均数指标与长期指数平均数指标之间的聚合与分离状况，对买进、卖出时机作出研判的技术指标。根据移动平均线原理所发展出来的 MACD，一来克服了移动平均线假信号频繁的缺陷，二来能确保移动平均线最大的战果。

MACD 平滑异同移动平均线包括三条线，即 MACD 线、DIF 线、柱状线 BAR。

### 二、MACD 指标解套的技巧

当 DIF 和 DEA 处于 0 轴以上时，属于多头市场，DIF 线自下而上穿越 DEA 线时是买入信号。DIF 线自上而下穿越 DEA 线时，如果两线值还处于 0 轴以上运行，仅仅只能视为一次短暂的回落，而不能确定趋势转折。当 DIF 和 DEA 处于 0 轴以下时，属于空头市场。DIF 线自上而下穿越 DEA 线时是卖出信号，DIF 线自下而上穿越 DEA 线时，如果两线值还处于 0 轴以下运行，仅仅只能视为一次短暂的反弹，而不能确定趋势转折，此时是否买入还需要借助其他指标来综合判断。

在 0 轴之上，当 DIF 向上突破 MACD 时，是较好的买入信号；DIF 向下跌破 MACD 时只能认为是回落，此时宜平仓出货、获利了结。在 0 轴之下，当 DIF 向下跌破 MACD 时，是较佳的卖出信号；DIF 向上突破 MACD 时，只能认为是反弹，作暂时空头回补。在沪综指周 K 线图上，2000 年以来 MACD 作为中期买卖点作用尽显。

如果完全按照金叉买进、死叉卖出，获利较难或还有可能套牢亏损。因此，在这里建议使用一种低位两次金叉买进的方法。MACD 在低位发生第一次金叉时，商品价格价在较多情况下涨幅有限，或小涨后出现较大的回调，第二次金叉出现后，商品价格上涨的概率和幅度会更大一些。

用 DIF 的曲线形状进行分析，主要是利用指标相背离的原则。具体为：如果 DIF 的走向与股价走向相背离，则是采取具体行动的时间。经过实践、摸索和总结，综合运用 5 日、10 日均价线，5 日、10 日均量线和 MACD，其准确性大为提高。

DIF 或 MACD 在高位或低位，往往出现与股价走向的背离。当股价的低点比前一次的低点要低，DIF 或 MACD 处在低位并形成一底比一底高，股价还继续下跌，为底背离，预示股价将会反转上涨，是买入信号。

当形态上 MACD 指标的 DIF 线与 MACD 线形成高位看跌形态，如头肩顶、双头等，应当保持警惕；而当形态上 MACD 指标 DIF 线与 MACD 线形成低位看涨形态时，应考虑进行买入。在判断形态时以 DIF 线为主，MACD 线为辅。

柱状线收缩和放大。一般来说，柱状线的持续收缩表明趋势运行的强度正在逐渐减弱，当柱状线颜色发生改变时，趋势确定转折。但在一些时间周期不长的 MACD 指标使用过程中，这一观点并不能完全成立。

实战中，由于 MACD 是中长线指标，买卖点与最低、最高价之间的价差较大，不过这符合"不买地价，不卖天价"的股谚，因此 MACD 并不适应短线操作，MACD 对于井喷或暴挫行情的反应要慢半拍。由于其与股价的移动相比会有一定的时间差，当股价处于盘整时，按 MACD 操作往往会无利润甚至会亏手续费，因此作为中期转向信号的 MACD 主要起辅助工具功能，研判主要还是依据 K 线、均线等技术分析。

### 三、MACD 指标解套的注意事项

牛皮市道中指标将失真。当价格并不是自上而下或者自下而上运行，而是保持水平方向的移动时，我们称之为牛皮市道。此时虚假信号将在 MACD 指标中产生，指标 DIF 线与 MACD 线的交叉将会十分频繁，同时柱状线的收放也将频频出现，颜色也会常常由绿转红或者由红转绿，此时 MACD 指标处于失真状态，使用价值相应降低。

MACD 指标对于研判短期顶部和底部，并不一定可信，只有结合均线或者成交量等其他指标配合才可。MACD 指标分析大周期的指标更准确，但是反映迟钝。近期的指标反应迅速但是准确性降低，必须结合其他指标。或者采用分时图根据不同周期来研判走势。在使用 MACD 指标时必须判定市场的属性。即目前的市场是多头市场还是空头市场，根据不同的市场属性采取不同的操作策略，以回避风险。

# CCI 指标解套技巧

### 一、认识 CCI 指标

CCI 指标又叫顺势指标，是唐纳德·蓝伯特于 20 世纪 80 年代提出的。CCI 指标是根据统计学原理，引进价格与固定期间的股价平均区间的偏离程度的概念，强调股价平均绝对偏差在股市技术分析中的重要性，是一种比较独特的技术分析指标。

CCI 指标是一种提示超买超卖的指标。"超买"，就是已经超出买方的能力，买进股票的人数超过了一定比例，那么，这时候应该反向卖出股票。"超卖"则代表卖方卖股票卖过了头，卖股票的人数超过一定比例时，反而应该买进股票。

CCI 指标专门测量股价是否已超出常态分布范围，属于提示超买超卖类指

标中较特殊的一种，波动于正无限大和负无限小之间，但是，又不需要以 0 为中轴线，这一点也和波动于正无限大和负无限小的指标不同。

在常用的技术分析指标当中，CCI（顺势指标）是最为奇特的一种。CCI 指标没有运行区域的限制，在正无穷和负无穷之间变化，但是，和所有其他没有运行区域限制的指标不一样的是，它有一个相对的技术参照区域：+100 和 –100。

## 二、CCI 指标的解套策略

按照指标分析，CCI 指标的运行区间也分为三类：+100 以上为超买区，–100 以下为超卖区，+100 到 –100 之间为震荡区。

当 CCI 曲线向上突破 +100 线而进入非常态区间时，表明股价开始进入强势状态，投资者应及时买入股票。当 CCI 曲线向上突破 +100 线而进入非常态区间后，只要 CCI 曲线一直朝上运行，就表明股价强势依旧，投资者可一路持股待涨。当 CCI 曲线向下突破 –100 线而进入另一个非常态区间，如果 CCI 曲线在超卖区运行了相当长的一段时间后开始掉头向上，表明股价的短期底部初步找到，投资者可少量建仓。CCI 曲线在超卖区运行的时间越长，越可以确认短期的底部。

当 CCI 曲线在远离 –100 线下方的低位时，CCI 曲线的走势出现 W 底或三重底等底部反转形态，可能预示着股价由弱势转为强势，股价即将反弹向上，可以逢低少量吸纳股票。如果股价曲线也出现同样形态更可以确认，其涨幅可以用 W 底或三重底形态理论来研判，CCI 曲线的形态中 M 头和三重顶的准确性要大于 W 底和三重底。

CCI 的底背离一般出现在远离 –100 线以下的低位区。当 K 线图上的股价一路下跌，形成一波比一波低的走势，而 CCI 曲线在低位却率先止跌企稳，并形成一底比一底高的走势，这就是底背离。底背离现象一般预示着股价短期内可能将反弹，是短期买入的信号。股价在低位，CCI 也在远离 –100 线以下低位区出现底背离时，一般要反复出现几次底背离才能确认，并且投资者只能做战略建仓或做短期投资。

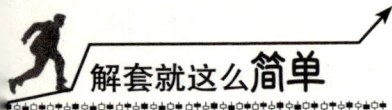

当 CCI 指标从下向上突破 +100 线而进入非常态区间时，表明股价脱离常态而进入异常波动阶段，中短线应及时买入，如果有较大的成交量配合，买入信号则更为可靠；当 CCI 指标从下向上突破 −100 线而重新进入常态区间时，表明股价的探底阶段可能结束，有将进入一个盘整阶段，投资者可以逢低少量买入股票；当 CCI 指标在 +100 线 ~ −100 线的常态区间里运行时，投资者则可以用 KD、RSI 等其他超买超卖指标进行研判。

如果行情是超乎寻常的强势，则超买超卖指标会突然间失去方向，行情不停的持续前进，群众似乎失去了控制，对于原价的这种脱序行为，CCI 指标提供了不同度的看法，这样就有利于投资者更好的研判行情，特别是那些短期内暴涨暴跌的非常态行情。

### 三、运用 CCI 指标的注意事项

CCI 指标是专门衡量股价是否超出常态分布范围，属于超买超卖类指标的一种，但它与其他超买超卖型指标又有自己的独特之处。像 KDJ、WR%、CCI 等大多数超买超卖型指标都有 "0 ~ 100" 上下界限，因此，它们对待一般常态行情的研判比较适用，而对于那些短期内暴涨暴跌的股票的价格走势时，就可能会发生指标钝化的现象。而 CCI 指标却是波动于正无穷大到负无穷大之间，因此不会出现指标钝化现象，这样就有利于投资者更好地研判行情，特别是那些短期内暴涨暴跌的非常态行情。

CCI 主要是在超买和超卖区域发生作用。但是在不同的市场走势中，这两种作用又是不同的。在牛市里，CCI 最有价值的应用是判断短线回调的底部拐点，而在熊市里，CCI 最有价值的应用是判断短线反弹的顶点。这并不是熊市和牛市所固有的特点，而与 CCI 本身特点有关。CCI 指标的缺陷就是对于突破性行情作用较大，对于温和性的行情作用不明显。

# BOLL 指标解套技巧

## 一、了解 BOLL 指标

布林线指标，即 BOLL 指标，其英文全称是"BolingerBands"，布林线由约翰·布林先生创造，其利用统计原理，求出股价的标准差及其信赖区间，从而确定股价的波动范围及未来走势，利用波带显示股价的安全高低价位，因而也被称为布林带。其上下限范围不固定，随股价的滚动而变化。

布林线指标属路径指标，股价波动在上限和下限的区间之内，这条带状区的宽窄，随着股价波动幅度的大小而变化，股价涨跌幅度加大时，带状区变宽，涨跌幅度狭小盘整时带状区则变窄。

## 二、BOLL 指标的解套技巧

在 BOLL 指标中，股价信道的上下轨是显示股价安全运行的最高价位和最低价位。上轨线、中轨线和下轨线都可以对股价的运行起到支撑作用，而上轨线和中轨线有时则会对股价的运行起到压力作用。一般而言，当股价在布林线的中轨线上方运行时，表明股价处于强势趋势；当股价在布林线的中轨线下方运行时，表明股价处于弱势趋势。

当布林线的上、中、下轨线同时向上运行时，表明股价强势特征非常明显，股价短期内将继续上涨，投资者应坚决持股待涨或逢低买入（如图 12-1）。当布林线的上轨线向下运行，而中轨线和下轨线却还在向上运行时，表明股价处于整理态势之中。

当布林线的带状区呈水平方向移动时，可以视为处于"常态范围"，可靠度相当高。如果，带状区朝右上方或右下方移动时，则属于脱离常态，另外有特别的意义存在。波带变窄时，激烈的价格波动有可能随时产生。

当一只股票在一段时间内股价波幅很小时，反映在布林线上表现为股价波幅带长期收窄，而在某个交易日，股价在较大交易量的配合下收盘价突破布林线的阻力线时，布林线由收口明显转为开口，投资者应该果断买入（从当日的K线图就可明显看出）。这是因为，该股票由弱转强，短期上冲的动力不会仅仅一天，短线必然会有新高出现。

当K线向上突破布林线中轨时，如果股价也放量突破股价中期均线，则意味着股价中短期向上扬升趋势开始形成，这是布林线指标揭示的中短期买入标志。当K线向上突破布林线中轨后，如果股价依托布林线中轨向上攀升时，则意味着股价的中短期向上趋势已经相成，这是布林线指标揭示的逢低买入或持股标志。

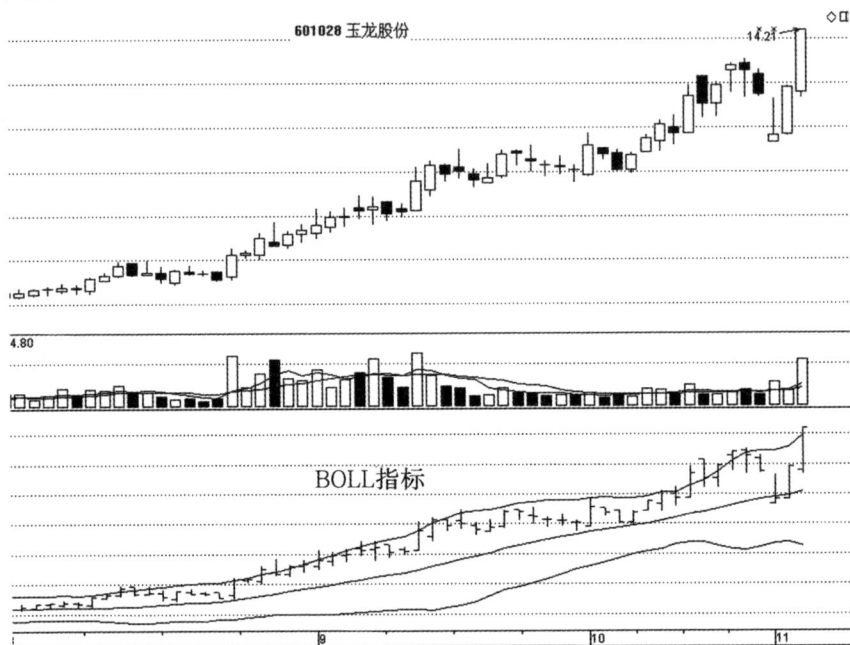

图 12-1　BOLL 指标

布林线中的上轨有压力作用，中轨和下轨有支撑（压力）作用，因此当价格下跌到布林线中轨或者下轨时，可以不理会 KDJ 指标所发出的信号。当然，如果 KDJ 指标也走到了低位，那么应视作短期趋势与中期趋势相互验证的结果，而采取更为积极的操作策略。但要注意的是，当价格下跌到布林线下轨时，即使受到支撑而出现回稳，KDJ 指标也同步上升，可趋势转向的信号已经发出，所以至多只能抢一次反弹。

### 三、BOLL 指标的注意事项

BOLL 指标中的上、中、下轨线所形成的股价信道的移动范围是不确定的，信道的上下限随着股价的上下波动而变化。在正常情况下，股价应始终处于股价信道内运行。如果股价脱离股价信道运行，则意味着行情处于极端的状态下。

经过长时间的总结发现，布林线中长期看来是一种优秀的趋势指标，当布林线由收口转至开口时，表示股价结束盘整，即将产生剧烈波动，而股价的突破方向，标志着未来趋势的运动方向。股价向上突破阻力线，则是一轮上升趋势，反之，将是下跌趋势。同时。平均线与阻力线（或支撑线）构成的上行（或下行）通道对于把握股价的中长期走势有着强烈的指示作用。

# 参考文献

［1］王林峰. 从零开始学指标：10 大技术指标买点卖点止损位补回位图解
　　［M］.北京：中国经济出版社，2012

［2］老牛. 经典股市技术图谱大全集［M］. 北京：人民邮电出版社，2012

［3］王真，张振东，柳琪. 中国股市操练大全：超值白金版［M］. 北京：中
　　国青年出版社，2011

［4］邱恒明. 炒股，别踩这 8 大雷区［M］. 北京：华文出版社，2010

［5］威廉斯. 短线交易秘诀（珍藏版）- 华章经典金融投资 .16- 股票期货交
　　易必读短线交易圣经！［M］. 北京：机械工业出版社，2010

［6］吴长坤. 股票防套解套有绝招［M］. 北京：民主与建设出版社，2009

［7］云珊. 股票解套易如反掌［M］. 北京：中国国际广播出版社，2000

［8］玉名. 解套第一课［M］. 上海：东方出版社，2012

［9］陈容. 获利解套就这几招［M］. 北京：经济科学出版社，2008

［10］蓝海. 解套就这几招［M］. 北京：机械工业出版社，2008

［11］金路. 大智慧丛书：我要解套（含光盘一张）［M］. 北京：中国科学技
　　术出版社，2002

［12］罗烨. 散户解套技巧［M］. 北京：北京科文图书业信息技术有限公司，
　　2008